U0024211

心念對了，人生就對了。

謝寒梅——著

心念對了，人生就對了。

目錄

第三章 豁然

歷經磨難，我們逐漸成熟、成長，最終豁然貫通、水到渠成。

心念對了，人生就對了。目錄

第六章 不忘初心

目錄

下篇 雨天 跟老莊學想得開／193

第九章　品人生

為了道義、公益、眾生福祉而去做事。他們的眼界已經超越自身。

第十章 任逍遙

當人的視野放到了天地宇宙，他就達到了天人合一。／293

前言

所謂「道不遠人、大道至簡」，作爲中國傳統文化三大支柱的儒、釋、道，其實並不高高在上，而是與我們的人生和日常生活密切相關。

簡單來說，儒家的最高境界是「拿得起」，佛家的最高境界是「放得下」，道家的最高境界是「想得開」；儒釋道的最高境界，就是這三句話、九個字。

怎樣才能「拿得起」？

看這個「儒」字——左邊一個「人」，右邊一個「需」，合起來就是「人之所需」。人活世上，有各種精神或生存的需要，滿足這些需要就要去獲取，去拿，並且拿到了、拿對了，就是拿得起。

王國維《人間詞話》中曾提出，古今之成大事業者，須經過三重境界。這三重境界體現的正是儒家精神，正是路徑所在。

第一重境界是「昨夜西風凋碧樹，獨上高樓，望盡天涯路」。登上高樓，遠眺天際，正是躊躇滿志，志存高遠，高瞻遠矚，一腔抱負。人生，志向決定方向，格局決定高度；小溪只能入湖，大河則能入海。所以做事，要先立心中志向；成事，要先拓胸中格局。

第二重境界是「衣帶漸寬終不悔，爲伊消得人憔悴」。事情是需要去做才能成的，成就大的事業，需要大的努力和付出，甚至要經受大的磨難和困苦。這個世間，從來都是「艱難困苦，玉汝於成」；所以無論如何，都要「天行健，君子以自強不息」。

第三重境界是「眾裏尋他千百度，驀然回首，那人卻在，燈火闌珊處」。這說的是歷經磨難而逐漸成熟、成長，最終豁然貫通、水到渠成。這其中蘊含一個道理，就是蘇東坡所說的「厚積而薄發」。只有厚積才能薄發，人要做的，就是不斷厚積，等待薄發。這就是拿得起的完整路徑，也是事業成功的完整過程。

什麼是「放得下」？

且看這個「佛」字——左邊一個「人」，右邊一個「弗」，弗的意思是「不」，合起來就是「不人」和「人不」。不人就是無人，也就是放下自我，擺脫私心的困縛；人不就是懂得拒絕，也就是放下欲望，超脫對外物的追逐。這兩點能做到，就是放得下。

唐代禪宗高僧青原行思曾提出參禪的三境界，那正是路徑所在。

第一重境界是「看山是山，看水是水」。人之最初，年少之時，心思是簡單的，看到什麼就是什麼，別人說什麼就相信什麼。這樣看待世界當然是簡單而粗糙的，所看到的往往只是表面。但同時，正是因爲簡單而不放在心上，所以不受其困擾，這就是放下的心境。只是還太脆弱，容易被現實擊碎。

第二重境界是「看山不是山，看水不是水」。人隨著年齡漸長，經歷的世事漸多，就發現這個世界的問題越來越多、越來越複雜，這時人是激憤的、不平的、憂慮的、懷疑的、警惕的、複雜的。於是不願意再輕易地相信什麼，容易變得爭強好勝、與人比較、絞盡腦汁、機關算盡，永無滿足。大多數人都困在這一階段，雖然糾結、掙扎、痛苦，這卻恰恰是頓悟的契機。因爲看到了，才能出來；經歷了，才能明白。

第三重境界是「看山還是山，看水還是水」。那些保持住本心、做得到忍耐的人，等他看得夠了，經得多了，悟得深了，終於有一天豁然頓悟，明白了萬般只是自然，存在就有存在的合理性，這個時候他就不會再與人計較，只是做自己，活在當下。任你紅塵滾滾，我自清風朗月；面對世俗蕪雜，我只一笑了之。這個時候，就是放下了。

如何才能「想得開」？

道家，是追求超世、講究自然的，要求心明大道、眼觀天地、冷眼看破。概括為三個字，就是「想得開」。

且看這個「道」字——一個「走」字旁加一個「首」字，也就是腦袋走或者走腦袋。腦袋走就是動腦子，儘量想透；走腦袋就是依胸中透徹而行，儘量順應規律。合起來，就是要明道，並依道而行。這種智慧，就是想得開。

哲學大師馮友蘭曾提出「人生四重境界」說，其中最高那層境界正是道家境界，也是路徑所在。

一是自然境界。有些人做事，可能只是順著他的本能或者社會的風俗習慣，而對所做的事並不明白或者不太明白。這種「自然」並非道家那個自然，而是指混沌、盲目、原始，那些人云亦云、隨波逐流的就是這種人。

二是功利境界。有些人，會為了利己而主動去思考和做事，雖然未必不道德，卻必定是功利的，而且很容易走向自私自利、損人利己。

三是道德境界。有的人，已經超越了自身，而開始考慮利人，譬如為了道義、公益、眾生福祉而去做事。他們的眼界已經超越自身而投向世間，胸中氣象和站立高度已經抵達精神層次。

四是天地境界。當一個人的視野放到了整個天地宇宙，目光投向了萬物根本，他就抵達了天人合一。這時他已經不需要動腦子了，因爲天地宇宙就是他的腦子，已經事事洞明，就像電腦連接到了網路。這種境界正是道家境界。

佛爲心，道爲骨，儒爲表。

綜上：儒家拿得起、佛家放得下、道家想得開，合起來其實就是一句話：帶著佛家的出世心態，憑著道家的超世眼界，去做儒家入世的事業。

這，也正是南懷瑾所說的人生最高境界：佛爲心，道爲骨，儒爲表，大度看世界。

本書是關於人生境界的哲理勵志感悟，分析中國傳統國學最著名的儒家、佛家、道家的人生境界的區別，跟孔子學拿得起，跟佛陀學放得下，跟老莊學想得開！

上篇

晴天　跟孔子學拿得起

第一章

抱負——「昨夜西風凋碧樹，獨上高樓，望盡天涯路」

登上高樓，遠眺天際，正是躊躇滿志，志存高遠，高瞻遠矚，一腔抱負。人生，志向決定方向，格局決定高度；小溪只能入湖，大河則能入海。做事，要先立心中志向；成事，要先拓胸中格局。

1 帥可奪，而志不可奪

子曰：「三軍可奪帥也，匹夫不可奪志也。」

——《論語．子罕》

「三軍」，按周朝的制度，諸侯中大國擁有三軍，這裏泛指軍隊。要使一國的軍隊喪失主帥，是要經過拚死鏖戰才可能實現的，是很難的事情，而在孔子看來，要使一個普通百姓喪失志氣，卻比奪取三軍之帥更難。孔子這樣強調，是爲了說明志氣對於一個人的重要性。

人不可沒有志氣，更不可喪失志氣。一個沒有志氣的人是可悲的。

關雲長溫酒斬華雄，千萬軍馬中奪敵帥首級如探囊取物。這是「三軍可奪帥也」。嚴顏寧死不屈，面不改色，「但有斷頭將軍，無有投降將軍。」這是「匹夫不可奪志也」。帥可奪而志不可奪，將可殺而不可辱。這是因爲軍隊雖然人多勢眾，但如果人心不齊，其主帥仍可能被人抓去，而主帥一旦被人抓去，整個軍隊失去了領導人，也就全面崩潰了。匹夫雖然只有一個人，但只要他真有氣節，志向堅定，那就任誰也沒有辦法使他改變。

北宋末年的民族英雄岳飛，正是在金人入侵的動亂年代裏，立下了「還我河山」的壯志，他一生征戰沙場，死而後已。當岳飛率兵屢敗金兵、建有大功的時候，有人贈送美人以示慰勞。岳飛說：「金兵未滅，難道是大將安樂的時候嗎？」毅然將美女退了回去。宋高宗要為他建宅第、立家室，以褒獎他的赫赫戰功，他又辭謝道：「金兵未滅，何以家為？」岳飛一生矢志不移，留下了千古美名。

這種寧死不屈的烈士事蹟，可歌可泣，在歷史上不勝枚舉。相反，一個人如果沒有氣節，志向不堅定，則很可能在關鍵時刻受不住誘惑或經不住高壓而屈膝變節，成為人們鄙視的叛徒。

《山海經》（地理筆記，大約成書於戰國時期）中有個「精衛填海」的故事，說發鳩之山有一種鳥，頭上有花紋，白嘴巴，紅足，牠原是炎帝的女兒，叫女娃，一次在東海游水時淹死，變成鳥，名叫精衛。從此牠便每天叼著西山的木石去填東海，發誓不填平東海絕不甘休。還有一個故事也出自《山海經》，說遠古時候有個叫刑天的，與最高統治者天帝鬥爭不息。

古代神話中的這類故事，都表現了人民崇尚志氣的思想。

陶淵明在《讀〈山海經〉》一詩中寫道：「精衛銜微木，將以填滄海，刑天舞干戚，猛志固常在。」也是讚頌「匹夫不可奪志」的精神。

陶淵明自幼博覽群書，有遠大的政治抱負，但又不慕榮利。廿九歲時開始做官，想通過仕途實現「大濟蒼生」的理想。但由於東晉時代士族門閥制度的腐朽和官場的黑暗，他不能如願以償，其間幾度做官又辭官，直到四十一歲時才做了有點兒實權的彭澤縣令。可是只在任上幹了八十多天，又因為不肯「為五斗米，折腰向鄉里小兒」而自免離職，從此終生隱居不仕。陶淵明的志氣，就在於不肯與東晉統治集團同流合污。

翻開中國歷史，「匹夫不可奪志」的事例，實在多得不能盡書。

所以，志向的確立和堅守是非常重要的，是儒家修身的基本內容之一。一個人，什麼都可

以失去，唯獨志氣不能丟。

2 你想成為什麼樣的人，決定你會過什麼樣的生活

子曰：「何傷乎！亦各言其志也。」

——《論語．先進》

《論語．先進》中有一則孔子問其門生想成爲什麼人的故事：

子路先表示他的志向是要在三年之內，令一個貧窮危困的國家強大起來，並使人民好義。

冉有比較謙虛，他只希望能在三年內使一個方圓六七十里的小國子民得到溫飽。

華西公說他的志向是在諸侯祭祀時，當一位小相。

曾皙的志向卻是在暮春時節，與五六個年輕人和童子六七人，簡衣外遊，放懷於山水，沐浴乘涼，歌詠而歸。

孔子對他學生不同的想法都予以贊同，所謂人各有志，不可強求。孔子是深知這一點的，他並不希望他的學生都去當官發財，成為顯貴，他只是歎息著說：「我也認同曾皙的志向啊！」

你想成爲什麼人，是一種積極的心理暗示，這是成功人生的起點。

一名叫齊格的成功推銷員回憶了如下經歷：

在做了兩年半不是很出色的推銷員後，我的職業戲劇化地有了一百八十度的大轉變，下面就是我的故事。

我參加了由梅里爾指導的全日制培訓課程。那是一門很棒的課，但我早已忘記那些學來的特殊技巧了。一天晚上，我開車回南卡羅來納蘭卡斯特的家，準備一個晚餐展示會。我是很晚才回到家的，嬰兒整夜哭鬧。當早上鬧鐘響時，習慣的力量將我拉出了被窩。當時我住在一家蔬菜店樓上的小公寓裏，我迷迷糊糊地看見窗外在下雪，而且地面已經落得有十英寸厚了，而我卻要駕駛無空調的克萊斯勒汽車出門。那天早上，我像任何一個聰明人都會做的那樣，又回到了床上。

當我躺下時，我開始意識到我從不曾誤過或遲到過一次推銷會。這時母親的話也在耳邊響起：「當你替人工作時，就得想方設法做好，做什麼事都要全力以赴，要是不全力以赴，那就別做了。」《聖經》上也說：「我寧願你是冰冷的或是火燙的。

但你如果是溫和的，我就要把你吐出去。」我遲疑著爬起來，開著車子向著查勒提出發，同時也是向著我不曾料到的一個全新的生活出發。

培訓結束後，梅里爾先生將我留下，「你知道，我已經觀察了你兩年半的時間，我從未見過這樣的浪費。」

我有些驚訝地問他是什麼意思。他解釋說：「你有許多能力，你可以成為一個了不起的人，甚至一個全國優勝者。」我飄飄然起來，但仍有點兒懷疑，就問他是否真的那樣認為。他向我保證說：「我絕對相信，如果你真正投入工作，真正相信自己，你能衝破一切困難獲得成功。」

說真的，當我細細品味這些話時，我驚呆了。你必須理解我當時的處境，才有可能意識到這些話對我有多大的影響。當我是個小男孩時，我長得很小，即使在穿得最多時也沒超過一百二十磅。我上學後，從五年級開始，放學後和週六的大部分時間都在工作，運動方面也不是很活躍。另外，我還很膽小，直到十七歲才敢和女孩約會，而且還是別人指定給我的一個盲目性約會。一個從小鎮中出來的小人物，希望回到小鎮上一年賺上五千美元，我的自我意識僅限於此。現在突然有一個受我尊敬的人對我說「你可以成為一個了不起的人」。所幸的是，我相信了梅里爾先生，開始像一個優勝者一樣思想、行動，把自己看成優勝者。於是，我真的就像個優勝者了。

梅里爾先生並未教很多推銷技巧，但那年年底，我在美國一家擁有七千多名推銷員的公司中，推銷成績列第二位。我從用克萊斯勒車變成用豪華小汽車，而且有望獲得再次提升。第二年，我成為全州報酬最高的經理之一，後來成為全國最年輕的地區主管人。

齊格遇到梅里爾先生後，並沒有獲得全新的推銷技巧，也不是他的智商提高了，只是梅里爾先生讓他確信自己有獲得成功的能力，並給了他目標和發揮自己能力的信心。如果齊格不相信梅里爾先生，梅里爾先生的話對他就不會有什麼影響。

有這樣一個動人的傳說。古希臘的大哲學家蘇格拉底在臨終前有一個不小的遺憾——他多年的得力助手，居然在半年多的時間裏沒能給他尋找到一個優秀的閉門弟子。

蘇格拉底在風燭殘年之際，知道自己時日不多，就想考驗和點化一下他的那位平時看來很不錯的助手。他把助手叫到床前說：「我的蠟燭所剩不多了，得找另一根蠟燭接著點下去，你明白我的意思嗎？」

「明白，」那位助手趕緊說，「您的思想得很好地傳承下去……」

「可是，」蘇格拉底慢慢地說，「我需要一位優秀的傳承者，他不但要有相當的智慧，還必須有充分的信心和非凡的勇氣……這樣的人選直到目前我還未見到，你幫我尋找和發掘一位好嗎？」

「好的，好的。」助手尊重地說，「我一定會竭盡全力地去尋找，不辜負您的栽培和信任。」

蘇格拉底笑了笑，沒再說什麼。

那位忠誠而勤奮的助手，不辭辛勞地通過各種管道開始四處尋找。可他領來一位又一位，都被蘇格拉底一一婉言謝絕了。有一次，當那位助手再次無功而返地回到蘇格拉底病床前時，病入膏肓的蘇格拉底硬撐著坐起來，撫著那位助手的肩膀說：「真是辛苦你了，不過，你找來的那些人，其實還不如你……」

蘇格拉底笑笑，不再說話。

半年之後，蘇格拉底眼看就要告別人世，最優秀的人選還是沒有眉目。助手非常慚愧，淚流滿面地坐在病床邊，語氣沉重地說：「我真對不起您，令您失望了！」

「失望的是我，對不起的卻是你自己。」蘇格拉底說到這裏，很失意地閉上眼睛，停頓了許久，才又毫無哀怨地說，「本來，最優秀的人就是你自己，只是你不敢相信自己，才把自己給忽略了，不知道如何發掘和重用自己……」話沒說完，一代哲人永遠離開了他曾經深切關注著的這個世界。

雖然這只是一個傳說，但其中深刻的寓意卻讓人感慨至今。如果你堅信自己是一個非凡人物，並付諸努力的話，終會獲得成功、幸福、健康，完成有價值的目標。

3 面對質疑，自己的路要自己走

子曰：「人不知而不慍，不亦君子乎？」

——《論語．述而》

對於冷嘲熱諷，孔子反問道：「人不知而不慍，不亦君子乎？」人家不瞭解我，我卻不怨恨，這不正是君子的風範嗎？

孔子周遊列國，想把他的政治主張加以推廣，結果卻處處碰壁。在周遊的途中遇到的許多人，如城門的看門人、耕田的農夫等，都對孔子表示不理解，甚至冷嘲熱諷。

一次，子路外出辦事，因晚歸而在城外過了一夜。

第二天清晨進城，守門人問他：「你從哪裏來？」

子路回答說：「我從孔丘那裏來。」

守門人便挖苦道：「就是那個明知做不到還要去做的人嗎？」

還有一次，孔子與弟子找不到渡口，見路邊有兩個耕田的人，便叫子路去問渡口在哪裏。

這兩個耕田的人，一個叫長沮，一個叫桀溺。子路先向長沮打聽。長沮問子路：「那位駕車的是誰？」

子路說：「是孔丘。」

長沮又問：「是魯國的那位孔丘嗎？」

子路回答：「是的。」

於是長沮便譏諷道：「他不是『聖人』嗎？難道還不知道渡口在哪裏？」

子路見長沮如此態度，便去問桀溺。

桀溺問：「你是誰？」

子路回答：「我是子路。」

桀溺又問：「你是魯國孔丘的門徒嗎？」

子路回答：「是的。」

桀溺便說：「社會紛亂就像滔滔的洪水一樣瀰漫，誰能把紛亂的社會變革過來呢？與其跟著像孔子這樣躲避壞人的人東奔西走，倒不如跟著我們這樣避於世外的人隱居不出來呢！」

說完，便不再理會子路，自顧耕田了。

這樣的事例很多。然而，孔子並不因爲人們不理解他、嘲笑他而生氣、怨恨。他懂得冷靜地面對嘲笑，懂得如何在嘲笑中認可自我。他認爲自己的主張是正確的，雖然一時不能被人理解，但時間將會證明一切。

子路碰了長沮、桀溺的釘子之後，回去告訴了孔子，孔子說：「人總該有責任的，怎麼能自顧隱居山林跟鳥獸同群呢？我不去跟人群打交道，又跟誰去打交道呢？如果天下有道，我也就不必如此棲棲惶惶，同你們一起尋求改革了。」

然而大多數人卻無法做到這樣的豁達，他們在不被人肯定的時候往往容易自我否定。一旦遭到較大的打擊和失利，馬上就開始懷疑自己的能力，抱怨自己的處境，降低自己的目標，甚至覺得自己一無是處。

其實，除非你放棄自己，否則，沒有誰可以真正讓你一無所有！

即使別人再強勢，剝奪的也只是你的某一個或者某一段時間的機會，那些壓迫性的影響僅能讓你暫時沒有收穫。此刻的你，只要不是自己仰身倒下，一定還有更多的選擇在等待你的嘗試。

貝多芬在被世人認可之前，曾拜在交響樂之父海頓的門下學習。和大多數學生不同的是，貝多芬並未被老師頭頂的光環所威懾，反而總想進行一些突破性的嘗試，改變古老的、墨守成規的創作樂風，讓音樂解脫束縛。由於彼此固執己見，貝多芬和海頓經常爭吵不休。而率直的貝多芬覺得並未從老師那裏學到更有用的技巧和方法，於是他就在獨立創作的《第二交響樂》上只寫上自己的名字，按照常規，他創作的曲譜也要寫上海頓的名字。這讓海頓十分惱怒，於是辭退了這個膽大妄為的學生。

然而，就像貝多芬所說：「一匹奔騰的駿馬絕不會讓蒼蠅叮了幾口後就裹足不前！」面對眾人的批評，儘管充滿了痛苦和困惑，貝多芬還是堅定地選擇了搏擊和對抗，讓新音樂的風格蓬勃發展。

再次出發後，貝多芬不斷進行音樂革新，然而他招致的攻擊也越來越多。但他沒有花費時間去爭辯和苦惱，而是跳過這些苛刻的指責，充分挖掘自己的潛力，譜寫出更多、更優美的樂章，贏得了世界的尊敬與熱愛。

所謂時勢造英雄，就是一個人跟隨命運的波浪，把握機遇而創造成功。也就是說，在人際交往中，自己的態度往往決定了別人對你的態度，因此，當你想獲取別人的肯定時，首先必須提升自己的價值，讓你從平凡中脫穎而出。要知道，即使輕渺如一陣細風，但你永不放棄，一路積累能量，最後就是高山大河也會被你的兇猛折服。

不被人承認的時候，我們雖然沒有光環，但是我們有尊嚴、自信和樂觀。當你低調地走過一段壓頂的荊棘後，曾經佈滿傷痕的軀體就能更強壯，你就可以昂起頭，用淡然的微笑對抗那些永遠都存在的大小傷害了。

美國國際商用機器公司（IBM）的創始人湯瑪斯・沃森創業之前，曾在現代商業先驅約翰・亨利・派特森的公司工作。當他剛在公司取得良好業績準備大展拳腳的時候，卻遭到讒言陷害，被派特森解雇。在那個難熬的時間裏，沃森得到的幫助和安慰非常有限，但他強打精神，讓自己用最好的狀態和充分的準備應付未來的全新挑戰。夜深時分，他總是一遍遍地告訴自己：「我可以重新再來！我要創造另外一個企業，一定要比派特森的還要大！」

後來，沃森果然讓這個夜晚的誓言成為現實。

一個人如果面臨挑戰和煩惱，最好的應對不是絮叨和抱怨，更不是無限誇大它的不良後果，而是應該安靜下來，想一想最壞的結果是什麼、目前的狀態進入了哪個程度、怎麼改變眼前的不利。只有不被這些瑣碎的挫折擊敗，壓力才可能減輕。

現在，仔細回顧自己走過的日子，就會發現，那些當初對你不信任或敵視你的人，其實對你的影響大多是積極的。試想，如果這個人當時的判斷是正確的，那麼他的話語雖然冷酷無情，卻能讓你看到自己的不足，及時作出調整，得到一個良好的經驗，為將來儲存必要的能力；如果這個人的判斷完全偏差，那麼我們損失的只是短暫的利益，我們甚至還可能因為別人的輕視而激發自己的鬥志，創造出奇蹟！

無論如何，只要不因為別人對自己的不良評價而主動放棄，你就是一個勝出者。

4 從身邊做起，不要好高騖遠

> 樊遲問知。子曰：「務民之義，敬鬼神而遠之，可謂知矣。」問仁。曰：「仁者先難而後獲，可謂仁矣。」
>
> ——《論語．雍也》

樊遲問什麼是明智，孔子說：「致力於人世間該做的事情，對鬼神報敬而遠之的態度，這就可以說是明智了。」樊遲又問什麼是仁。孔子說：「有仁德的人總是先付出艱苦的努力然後才有所收穫，這就可以說是仁了。」

在「智」的問題上，孔子表現了現實而理性的精神，一方面是「務民（人）之義」，著眼於人間事；另一方面是「敬鬼神而遠之」，對於搞不大清楚的事情，既不輕易相信，也不盲目否定，姑且把它放在一邊存而不論。前一方面是現實的精神，後一方面是理性的精神。為什麼要這樣呢？在《先進》篇裏，當子路問怎樣侍奉鬼神時，孔子作了明確回答：「未能事人，焉能事鬼？」連近在眼前的人都沒能侍奉好，談什麼侍奉好遠在天邊的鬼神呢？

凡事從眼前做起，從身邊做起，不要好高騖遠，不切實際地異想天開。

「智」的問題上是這樣，「仁」的問題上也是這樣。

所以，當樊遲問什麼是「仁」時，孔子作出了「先難而後獲」的回答。而且不僅這次這樣回答。還有一次，樊遲跟隨孔子到舞雩台下去遊覽，當他問孔子怎樣才能提高道德修養時，孔子照樣回答說：「問得好！先事後得，非崇德與？」（《顏淵》）意思是說，先做事後收穫，這不正是提高了道德修養了嗎？

先難後獲，先事後得，用我們的話來說，就是：沒有耕耘，哪來的收穫？

勤勞的農民知道在春天播種，成功的人則知道先擬定計劃，爲自己找尋成功的契機。

有些人不喜歡做計畫，因爲他們覺得大多數的計畫常常還來不及完成就中途夭折，不如走一步算一步，反正船到橋頭自然直。所以說，這種人大都是「光有想法，沒有做法」。

有些人可不這麼認爲。他們相信做了計畫之後，才有明確的目標，方向才不會走偏，萬一中途有變卦，計畫可以再修改，即使最後沒有百分之百到達目的地，但至少完成了大半，「如此，你知道你的距離還有多遠，總比站在原地好！」一位成功的企業家如是說。這種人堅持「先要有作法，而後，想法就會逐一實現」。

的確，盲目而沒有焦點，很容易讓人走上岔路，白費力氣。

你不妨觀察農民施肥的方法，他們在什麼地方施肥，什麼地方的農作物就會生長得特別茂盛。如果他們將肥料亂撒一通，結果就是該撒到的地方沒撒到，不該撒到的地方（譬如雜草區）卻特別肥沃。

行爲學專家魏特利博士曾經指出，一個人想要成功，通常必須具備下列三個條件：第一，先要擁有夢想，並把夢想寫成明確的目標與計畫；第二，融入知識，放進技術、經驗與知識；第三，全力以赴，不要猶豫，立即行動。

魏特利博士觀察，缺乏明確目標和動機的人，由於背後沒有強大的信念支撐，每當困境來臨的時候很容易就被瓦解。

計畫是一種積極的行動力，它可以讓你集中心力專注於目標上，避免受外界打擾。

譬如，有些人非常容易見異思遷，很多不相干的事都想湊一腳，結果卻忘了自己原先設定的目標。當你心有旁鶩的時候，趕緊把你的「計畫」拿出來，貼在最醒目的地方，這樣就可以提醒你立刻回到軌道上，把那些無關的雜事一律拋開。

記住，心不在焉絕對無法讓你完成任務，所以，一定要保持專心，不讓注意力分散到其他的事。

每年年初，張先生總是不忘在記事本上為自己定出一年內要達成的目標。通常他的計畫包含三大項：財務，今年預期的收入；事業，包括晉升、專業訓練與進修；

健康與家庭。

從小張先生就很懂得替自己做計畫。他的家境很窮，父親是個連字都不認識的倉庫管理員。但是張先生靠著自食其力，他不僅順利念完大學、研究生，而且一口氣拿到七、八張和會計、保險、管理相關的專業執照。

隔了兩年，另一家公司來挖角，待遇足足是他原來的兩倍，張先生卻不為所動，堅持留在原地。不久，他的老闆知道這件事，注意到這個年輕人的潛力，而公司正好面臨改組，便將他晉升為亞太區財務主管。那年，張先生才廿六歲。

之後，張先生將事業陣地轉移到臺灣，歷經福特汽車財務長、美商瑞泰人壽財務長，一直做到副總經理。觀看張先生事業發展的曲線圖，不難發現他充分發揮了會計人「精打細算」的特色。「我對人生每個階段都有很周密的計畫，算得很精確，但是絕對不誇張。」他滿足地說道。

從小到大，張先生始終謹記著一句座右銘：「絕對不要浪費任何一分鐘在無價值的事情上面。」他非常清楚自己的目標，知道何時該選擇「要」與「不要」。

他說，每個人在不同的人生階段，需求都不一樣，有些在別人看來很有價值的事，對自己可能是一文不值。譬如，在他們這個行業挖角、跳槽的風氣很盛，很多人看到的只是一時的利益，忘記長遠的目標，雖然賺到了錢，卻失掉方向感。對他而言，這種沒有目標的人生，不是他要的人生。

農民耕耘田地需要力氣，你的人生目標當然也需要你努力去灌溉，給予充足的養分，才能結出果實。很多人在果樹的種子剛剛埋下去的時候，就開始計算自己可以有多少收成，忘記在栽培的過程中需要定期除草、施肥。重點是，計畫擬訂之後絕不可偷懶，否則，最後還是一事無成。

5 正確的世界觀，是確立目標的前提

魚，我所欲也；熊掌，亦我所欲也，二者不可得兼，舍魚而取熊掌者也。生，亦我所欲也；義，亦我所欲也，二者不可得兼，舍生而取義者也。

——《孟子．告子上》

在人性善的基礎上，孟子提出了對君子的認識。

春秋戰國時期的宓子賤，是孔子的弟子，魯國人。有一次齊國進攻魯國，戰爭迅速向魯國單父地區推進，而此時單父地區正由宓子賤治理。當時正值麥收季節，大片的麥子快要成熟，不久就能收割入庫了，可是戰爭一來，眼看到手的糧食就要被齊

國搶走。當地一些父老向宓子賤提出建議，說：「麥子馬上就熟了，應該趕在齊國軍隊到來之前，讓咱們這裏的老百姓去搶收，不管是誰種的，誰搶收了就歸誰所有，肥水不流外人田。」還有的說：「是啊，這樣可以增加我們魯國的糧食，而齊國的軍隊也搶不走麥子做軍糧，他們沒有糧食，自然也堅持不了多久。」

儘管鄉中父老再三請求，可宓子賤堅決不同意這種做法。過了幾天，齊軍一來，把單父地區的小麥一搶而空。

因為這件事，許多父老埋怨宓子賤，魯國的大貴族季孫氏也非常憤怒，派使臣向宓子賤興師問罪。宓子賤說：「今年沒收到麥子，明年我們可以再種。如果官府這次發佈告示，讓人們去搶收麥子，那些不種麥子的人就可能不勞而獲，得到不少好處。單父的百姓也許能搶回來一些麥子，但是那些趁火打劫的人以後便會年年期盼敵國入侵，民風也會變得越來越壞。其實單父一年的小麥產量，對於魯國實力的影響微乎其微，魯國不會因為得到單父的麥子就強大起來，也不會因為失去單父這一年的小麥收成而衰弱下去。但是如果讓單父的老百姓，以至於魯國的老百姓都有這種借敵國入侵來獲取意外財物的心理，且這種僥倖獲利的心理難以整治，這才是我們幾代人的大損失呀！」

宓子賤自有他的得失觀，他拒絕了父老的勸諫，讓入侵魯國的齊軍搶走了麥子。他認為這樣捨去的只是有形的、有限的那一點點糧食，而得到的卻是徹底消除民

眾存有的僥倖得財得利的心理。

很多先哲都明白得失之間的關係。

柳下惠是魯國的大夫，曾任士師，三次被國君免官，可他卻不走。故此《魯論》上記載說：「柳下惠，擔任士師，三次被罷免。」有人對他說：「你怎麼不離開魯國呢？」他回答說：「正直清白地做官，到哪裏去不會被多次罷黜？沒有正義感地做官，又何必離開自己的國家？」孟子說：「柳下惠被免了官也沒有怨言，窮困了也不顯出可憐的樣子。」

因為他明白要做一個清白正直的人，勢必會遭到邪惡勢力的嫉恨，而使自己的利益受到損失。但即便是個人利益遭受損失，也不能放棄自己的主張。他看重的是自身的修養，而並非一時一事的得與失。

所以說，你的取捨，很大一部分來源於你的世界觀和人生觀。

假如一個青年人為了一點眼前利益就不惜犧牲自己的人格和尊嚴，做出那些傷天害理的事情，他們哪裏還有臉去面對自己的親人和朋友？從另一個角度看，如果僅為了滿足一時的欲望和快樂而置一生的名譽於不顧，這種做法明智嗎？這世上最可悲的事，就是一個人違背自己的良知和意志，去做他本不願做的事。

凡是能成就大事的人當他們遇到重要的選擇時，一定會仔細地考慮：「我到底應該把精力放在哪一方面呢？怎麼做才能既不使我的品格、精力與體力受到損害，又能獲得最大的效益呢？」

一個人在世上有許多職業可以選擇。即使從事掘溝渠、開煤礦、搬磚石、砌瓦片等比較辛苦的工作，也不應該去做那些有損人格、妨害自尊、違背天良、犧牲快樂、違背情理的事情。

6 怨天尤人，不如接納現狀

君子不怨天，不尤人。
——《孟子．公孫丑》

君子不抱怨天，不責怪人。不要把自己不成功的原因都歸結到現實太黑暗上去，很多人只是為自己的失敗找藉口，其實現實不像你想得那樣「伸手不見五指」。社會當然不會是絕對公平的，但是這不意味著你就失去機會和權利，只要你直面現實，用積極的心態去承受、去改變現狀，就會得到公平的待遇的。

不管你遭受了怎樣的不公平，生活還要繼續，與其怨天尤人，不如接納生活、平靜心態、

暫且忍耐現狀，終究會看到勝利的曙光。

如果說貧窮是父母的錯，那同樣是貧窮的父母，爲什麼有的窮孩子就能成功，而你就一事無成呢？照此推理，你的父母是不是應該抱怨他們有個不爭氣的孩子呢？所以，窮不是你的錯，同樣也不是你父母的錯。

有的人天生富貴，含著金湯匙出生，自小過著錦衣玉食的生活，上的是最好的學校，渾身上下全是名牌，從來不爲生計發愁，想創業就有資金支持他，失敗了也無所謂，更讓人羨慕的是還有一大筆錢等著他去繼承……

有的人卻是自打娘胎起就沒有過好日子，連一個雞蛋都吃不上，家徒四壁，一窮二白，別說娛樂了，連溫飽都成問題，想靠知識改變命運，卻連學費也交不起，父母親又會突生重病欠一屁股債……

這時候你可能最埋怨父母，你不明白同樣是父母，爲什麼人家的父母就能賺到錢，而自己的父母卻把日子過得無比艱難？爲什麼自己的父母一點兒本事也沒有？甚至你還埋怨父母爲什麼把你帶到這個世界，既然不能給自己帶來幸福快樂，那乾脆就不要把自己帶來，來了也是受罪……

當然，你的抱怨也是可以理解的，因爲我們還年輕、還無奈，人生的壓力、社會的壓力壓得我們抬不起頭來，看著別人五光十色的生活，你的生活只是一片灰暗。你可能會因爲窮而自卑，可能因爲窮而失去朋友，失去心愛的戀人，也可能因爲窮使得別人看不起你，總之因爲窮使你承受了很多很多的壓力，所以，你當然有理由抱怨，可是抱怨有用嗎？

的確，貧窮不是你的錯，但是你無法選擇出生的貧富環境，也許你前世是富人，富得失去自由，富得十分痛苦，所以今生讓你做窮人，讓你好好去體驗生活，尋找你丟失的東西。

相信自己，也許正是因爲你的窮，才讓你看清楚人的本性，領悟到用金錢無法衡量的財富；也許正是因爲你的窮，才讓你看透了生活的實質，明白了人生的真諦。所以，不要覺得窮是恥辱，窮不是錯，墮落才是罪過。千萬不要在意別人怎樣看你，最重要的是你要相信自己，看得起你自己。

常言道，「十年河東轉河西，莫笑窮人穿破衣」。無論你現在有多麼貧窮，也無論別人現在有多麼富有，誰又知道明天會是什麼樣？所以，不要因爲窮就怨天恨地，抱怨父母，這比窮更可悲。

世界上窮人那麼多，你也只不過是其中之一，再說窮也不是終身制的，「就是一片樹葉掉在地上，也有翻身的機會」，很多窮人不是也變成富人了嗎？很多富人也不是生來就富的，因此，你又何苦自甘墮落、意志消沉。窮人一樣有志氣，窮人一樣可以出人頭地。

曾任美國副總統的亨利．威爾遜，寫過一本自傳，書中他這樣寫道：

當時我們家很窮，當我還是個小小的嬰兒時，貧窮就露出了猙獰的面孔。我知道窮的滋味，當我向母親要一片麵包而她連一點兒麵包屑都沒有。我承認窮，但我不

甘心。可以說，我一生所有的成就都要歸結於我這顆不甘貧窮的心。為了改變貧窮的命運，我決定到外面的世界去。才十歲我就獨自離開了家，給人家當了十一年的學徒工，不過每年我可以接受一個月的學校教育。十一年艱苦的學徒生涯，為我換得了一頭牛和六隻綿羊的報酬，價值幾美元。我廿一歲了，在此之前，我從來沒有在娛樂上花過一分錢，每個美分都是經過精心計算的。剛過完我的廿一歲生日，我就帶著一隊人馬去採伐大圓木，那地方人跡罕至，條件極為艱苦，但是我從來沒有放棄過。每天，我都在太陽上升之前起床，然後一直工作到星星出來為止。這樣一個月後，我獲得了六個美元的報酬，六個美元在當時對我來說真是天文數字，每個美元就像月亮一樣閃閃發光。

我從來沒有忘記要擺脫貧窮的諾言，我絕不會做貧窮的俘虜，所以我不會讓任何一個發展自我、提升自我的機會溜走，我要竭盡全力地擺脫貧窮。你知道嗎？在我廿一歲之前，我想方設法讀了一千本好書，這是個艱巨的任務，但我做到了。

辭了伐木工的工作後，我步行到一百里之外的內笛克學習皮匠手藝，整個旅途我只花了一美元六美分。一年之後，我已經是內笛克辯論俱樂部裏的一個佼佼者了。

後來，我發表了著名的反奴隸制度的演說；又過了幾年，我與著名的社會活動家查理斯薩姆納一同進入了國會；再後來，我成為美國的副總統。此時，貧窮早已離我遠去。

我所面對的貧窮不是選擇，而是命運，父母的結合命定了我窮困的開始。但我得感謝我的貧窮，它催我奮進，我的成功應該歸功於它。我感謝我的父母，當然，我的父母也為我感到驕傲，一個窮孩子終於夢想成真。

威爾遜用現在的話來說，明顯一個窮二代，甚至連窮二代都不如，但是他從來沒有讓貧窮熄滅自己內心的火焰，沒有在貧窮中自甘墮落，他不甘貧窮的勇氣將他推上了議員和副總統的顯赫地位。

所以說，如果你陷入困境，不要一味抱怨那是你父母的錯。你沒有名牌的衣服、沒有高檔化妝品、沒有ＬＶ不是你父母的錯，他們能夠把你養大再送你上大學已經很了不起了，你應該爲他們感到驕傲和感謝。

7 只有自己才是靠得住的

自暴者，不可與有言也；自棄者，不可與有為也。

——《孟子·離婁上》

自己損害自己的人，不能和他談出有價值的言語；自己拋棄自己（對自己極不負責任）的人，不能和他做出有價值的事業。

有一個關於鷹與箭的故事。箭非常羨慕鷹，因為鷹能長久地在天空中翱翔。有一天，鷹又展翅高飛，是那樣瀟灑自如。這時，箭也「嗖」的一聲騰空而起，從身後超過了鷹。箭非常高興，可還沒等它好好享受飛翔的快樂，便一頭向下栽去，重重跌落到地面上。箭十分沮喪，它不解地問鷹：「我也能飛，你看，我也有羽毛，可為什麼我不能像你那樣在天空飛得那樣自由、那樣長久呢？」

鷹看了看箭的「羽毛」，笑著回答說：「你之所以能飛，是因為靠著別人一時的支持，而我憑藉的是自己的力量！」

在現實生活中，像箭這樣的人有很多，並且很多人也希望變成像箭這樣的人，正所謂「背靠大樹好乘涼」，有「靠山」的人在生活中屢見不鮮，古今中外皆有，他們都曾倚仗靠山盛極一時，雖然沒有真才實學，但卻身居高位，要風得風，要雨得雨，趾高氣揚，比如明朝大太監魏忠賢的那一大群乾兒子、孫子等，但好景不常在，最終隨著靠山的倒下，他們也是「樹倒猢猻散」，徒留笑柄。

別人的支持是不可靠的，也是不長久的，就算是親爸爸也不能讓你靠一輩子。如果你只有讓別人扶著才能站立，那你就是阿斗，就是諸葛亮再世也扶不起來！如果你不通過自己的實力來站穩腳跟，而是選擇了「靠」別人，那是要付出代價的，可能尊嚴的代價有些人根本不在乎，那命運呢？你的命運永遠掌握在別人的手中，永遠被別人牽著鼻子走。

比爾．蓋茨這樣說過：「依賴的習慣，是阻止人們走向成功的一個個絆腳石，要想成就大事，你必須把它們一個個踢開。只有靠自己取得的成功，才是真正的成功。」這是一位成功者的肺腑之言，依賴確實不可取，它是一種習慣和逃避，是一種安慰和懦弱，可以消磨一個人的進取之心和直面困難的勇氣，依賴越久，危害便越大。這就好比一個吸食毒品的人，一旦上癮，很可能便會毀掉自己，並很難再重新站立起來。

所以重新認識自己並認識這個社會吧。當你走進社會，你會發現身邊有很多人條件無比優越，他們不用努力就具備很多東西，比如房子，而你可能工作一輩子也買不起一套房子。很多

大學生是農村孩子，當他們來到繁華的城市後，周圍的一切都讓他們感到如此的不適應。

一位女大學生說：「從山溝裏跨進大城市裏的大學，我渾身上下冒著土氣。沒有學過英語，不知道瑪丹娜是誰；不會說普通話，不敢跟人交流，不敢在公開場合講一句話，更不敢上臺演講；不懂得燙髮能增添女性的嫵媚；不會電腦……非常羨慕其他的同學，他們好像都很有錢，穿著明星才穿得起的名牌；用著最時尚的手機；拎著最高級的電腦；有的同學開著車來上學；還有的同學父母都為他買好了房子……」

很多人都經歷過這樣的痛苦，跟別人一比，我們真是「一無所有」。我們想要的一切都必須得自己掙，我們的父母沒有權、沒有錢，給不了我們更多的物質上的東西，也沒有一個可以靠的親戚讓我們走走後門。

一句俗語眾人皆知，那就是「在家靠父母，在外靠朋友」。不錯，人生在世總要或多或少地依靠外界的各種幫助，不但是物質上的，更是精神上的，如師長的教誨、朋友的關愛和社會的鼓勵等，這些都可以讓我們在人生道路上走得更加順利。可是，這些外界的幫助只是輔助性的，也只是暫時性的，只有我們自己才是永遠靠得住的，也只有靠自己，我們心裏才能踏實。

小時候老師曾講過一個「懶小孩」的故事。說有一對夫妻一直沒有孩子，年紀很大才有了一個兒子。老夫妻對兒子十分寵愛，他說什麼就是什麼，結果導致他很小就養成了懶惰依賴的習慣。有一天，老夫妻有重要的事情要辦，不得不出門一趟，最快也得一個星期才能回來。

他們實在放心不下兒子，他一個人在家吃什麼呢？老夫妻想來想去，想到了一個好主意，他們做了一張很大的麵餅，掛在兒子的脖子上，臨行前再三囑咐兒子說：「你餓了就咬一口麵餅。」兒子連連答應。

一個星期後，老夫妻急匆匆地趕回來，卻發現兒子竟餓死了，而餅還有半個沒吃完。原來兒子只吃了脖子下面的一部分麵餅，因為不會用自己的手去轉一下麵餅，最後看著近在脖邊的麵餅而活活地餓死了。

記得當時老師講完這個故事後，我們都哄堂大笑，覺得這個小孩實在是太笨了，哪有這麼笨的小孩呢？這個故事肯定是假的。其實老師只是想告訴我們不要養成懶惰、依賴別人的壞習慣罷了。

然而，進入社會之後，越來越發現這個故事的現實意義了。不錯，生活中的確有「背靠大樹好乘涼」的現象，可也別忘了還有「靠山山倒、靠人人跑」的事實。

無數的事實告訴我們，與其把自己生活的主動權繫在別人手裏，不如自己努力，管好自己的事，培養自己獨立自主的能力，做到獨當一面，那樣，無論怎樣風吹雨打，你都將屹立不倒。

還是讓我們牢記陶行知先生的那句話：「淌自己的汗，吃自己的飯，自己的事情自己幹，靠天靠地靠祖上，不算是好漢。」

第二章

磨礪——「衣帶漸寬終不悔，為伊消得人憔悴」

事情是需要去做才能成的，成就大的事業，需要大的努力和付出，甚至要經受大的磨難和困苦。這個世間，從來都是「艱難困苦，玉汝於成」，所以無論如何，都要「天行健，君子以自強不息」。

1 挺住，就意味著一切

冉求曰：非不說子之道，力不足也。子曰：力不足者，中道而廢，今汝畫。

——《論語．雍也篇》

冉求說：「我不是不喜歡夫子您的學說，而是我的能力不夠，達不到那個高度和要求啊。」孔子說：「做了一半，無法克成其功，這是力量不足的緣故。可是你根本還沒有開始做。」

人生就是一個不斷累積的過程，如果我們沒有一往無前的勇氣和堅持不懈的動力，就將一

事無成。天資不夠聰穎不要緊，因爲勤能補拙，笨鳥可以先飛；外部條件艱苦也不是問題，因爲事在人爲，只要努力終能克服。怕就怕我們沒有堅持下去的毅力。人生的道路總有荊棘坎坷，若是遇到困難我們就輕言放棄，那結果如何就可想而知了。

項羽是楚國貴族後裔，神勇無比，人稱西楚霸王。秦朝末期，正是他帶領著各路諸侯推翻了秦朝殘暴統治，實現了「楚雖三戶，亡秦必楚」的誓言。

在與漢高祖劉邦的楚漢之爭中，雙方數次交鋒，楚軍連戰連捷，數次殺得漢軍丟盔卸甲。但是垓下一戰，楚軍落敗，自此便一敗塗地。項羽突圍後逃至烏江邊，烏江亭長勸其急渡。他卻說：「我與江東子弟八千人渡江西上，今無一人還，縱江東父老憐我，我有何面目見之？」遂自刎而亡。

宋代女詞人李清照的《夏日絕句》中曾道：「生當作人傑，死亦爲鬼雄。至今思項羽，不肯過江東。」

誠然，項羽的豪情和悲情讓我們爲之欽服，但是他當初若是不放棄，聽從屬下勸告而渡江的話，也許情況就會不一樣，就是將來擊敗劉邦問鼎天下也未可知。

詩聖杜甫就曾寫詩云：「勝敗兵家事不期，包羞忍恥是男兒。江東子弟多才俊，捲土重來未可知。」

永不言敗是走向成功的動力。很多時候，成功與失敗的距離只差一線。當痛失一次機遇，而和成功失之交臂時，不要過早地對自己喪失信心，只要堅毅地向著既定的目標穩步前行，你終會發現曙光在前，勝利在望。

天啟元年，廿八歲的談遷因母親亡故，守喪在家，讀了不少明代史書，覺得其中錯漏甚多，因此立志編寫一部翔實可信、符合明代歷史事實的明史。

在此後的廿六年中，他長年背著行李，步行百里之外。到處訪書借抄，廣搜資料，終於卒五年之功而完成初稿。以後陸續改訂，積廿六年之不懈努力，六易其稿，撰成了百卷四百多萬字的巨著《國榷》。

豈料書稿即將付印前（清順治四年）書稿被小偷盜走，他滿懷悲痛，發憤重寫。廿六年的心血付諸東流，談遷心痛欲裂，悲憤地仰天長號。但是，沉重的打擊並沒有動搖談遷的志向，書稿丟了，可人還在，只要自己還有一口氣，書就一定要出來。

談遷擦乾淚水，重新拿起了筆。儘管年事已高，體弱多病，記憶衰退，行走不便，但是倔強的稟性和執著的信念支撐著他千里奔波搜尋史料，夜以繼日，筆耕不輟。

經四年努力，他終於完成新稿。順治十年，六十歲的他，攜第二稿遠涉北京，在北京兩年半，走訪明遺臣、故舊，搜集明朝遺聞、遺文及有關史實，並實地考察歷

史遺跡，加以補充、修訂。書成後，署名「江左遺民」，以寄託亡國之痛，使這部嘔心瀝血之巨作得以完成。

沒有誰可以不經歷狂風暴雨就登攀成功的頂峰，也沒有誰生來註定是成就一番事業的。只有刻苦鑽研、博學多思，從一次次的跌倒中爬起來，把所有艱難困苦當成磨煉意志的礪石、一筆寶貴的人生財富，從容對待生命裏每一次失敗，就能成爲一個真正的強者。

失敗並不可怕，可怕的是面對失敗畏縮不前、自暴自棄。只有從失敗中探求真理，汲取經驗，才能夠達到希望的終點。

水滴石穿，繩鋸木斷，在很久之前我們的先人就已經總結出來，做任何事情都要堅持不懈，不能輕言放棄。對待人生，我們要有積極向上的態度和堅定不移的信念，還要有孜孜不倦追求到底的精神。

我們無法預知自己未來的人生道路上到底會有什麼，但總歸不會是一帆風順的。不過只要我們擁有一顆執著的心，擁有面對艱難困苦都永不言敗的精神，那麼，就算有再大的風浪也阻擋不了我們前進的腳步。

2 能忍能讓，化阻力為動力

子曰：「巧言亂德，小不忍則亂大謀。」
——《論語．衛靈公》

孔子說：「花言巧語能敗壞德行。小事不能忍耐就會敗壞大事情。」整天抱怨懷才不遇，不能安分守己的人，很難有大的作爲，因爲他們缺乏成大事者的氣量。大凡器量寬大的人，都是能從「忍」字做起，能忍能讓，方可成就大事！

生活中，每天面對這不同的環境、不同事件，有時候採取何種的處世方式，已經不再是關鍵，如何控制自己的情緒，這才是至關重要的。

自古以來，評價一個人的標準，只要看他的涵養和行事風格，就知其是否是可造之材，是否有大將之風，而這關鍵便是對情緒的把控。因此，要成爲人上人，除了基本的學識之外，「忍」也是至關重要的。

隋朝末年，隋煬帝殘暴無道，各地豪傑紛紛揭竿而起，就連許多地方的官員也紛紛倒戈，起兵反隋。因此，隋煬帝對他們外藩大臣疑心很重，尤其對那些手握大權、威望很高的更是忌憚。

唐國公李淵七歲繼爵，為人寬仁而又有遠謀。所到之處，悉心結納當地的英雄豪傑，多方樹立恩德，因而聲望很高。許多人都擔心他會遭到隋煬帝的猜忌。有一次，隋煬帝下詔讓李淵到他的行宮去晉見。但正巧李淵因病未能前往，隋煬帝很不高興，於是對他產生了猜疑之心。李淵有一個外甥女正好是隋煬帝的妃子，於是隋煬帝就問那個妃子為何李淵不來見他，王氏回答說是因為李淵病了，隋煬帝冷冷地說道：「會死嗎？」

王氏把這消息傳給了李淵，李淵聽了便心生警惕，他知道自己已經為隋煬帝所不容，但過早起事又力量不足。於是，他便故意敗壞自己的名聲，整天沉湎於聲色犬馬之中。隋煬帝聽到這些，果然放鬆了對他的警惕。

唐公能忍，遂成不世之功。當然，所謂的「忍」，也不是讓你一味地忍讓。朱熹就從兩個方面來解讀論語的話：婦人之仁，不能忍於愛；匹夫之勇，不能忍於忿，皆能亂大謀。

一個人做人做事，在該忍耐的時候，凡事要忍耐、包容一點，如果一點小事不能容忍，就容易壞了大事。但到了應當決斷的時候，便要有忍勁兒，有時候碰到一件事情，要當機立斷，能斷則斷才能成事，否則當斷不斷反受其亂。

宋楚兩國在泓水之濱交戰。楚軍還沒有完全渡河，宋軍已經在對岸擺好了陣勢。有大臣就向宋襄公獻計道：「楚軍多而宋軍少，何不趁他們還未全部渡河，陣勢還未排布好的時候攻擊他們呢？」

宋襄公說：「君子講：『雙方交戰，不傷害已經受傷的人，不擒捉頭髮斑白的老兵，人處險地，不推他跌下深淵，人處困境，不逼他走投無路，不進攻尚未列成陣勢的隊伍。』現在楚軍還未完全渡河，我們發動攻擊，這是不道德的。還是讓他們全部渡河擺好陣勢後，再擊鼓進攻吧。」

大臣勸道：「您不愛護我們自己的國民，讓國家受到損害，難道這就講道德了嗎？」但是宋襄公依舊不聽勸告，等到楚軍渡過河來擺好了陣勢，宋襄公這才下令擊鼓進軍，結果宋兵大敗，襄公因此受了重傷，三天後就死了。

宋襄公婦人之仁，不肯半渡而擊，遂有泓水之敗；楚霸王婦人之仁，鴻門宴不殺劉邦，終至烏江自刎！由史可鑒：婦人之仁的懦夫和空逞匹夫之勇的莽夫，最終都難成大事。

每個人都有自己的情緒，而情緒這種東西卻是很難捉摸的。因爲它是虛幻的，無形無質，無法碰觸。不過，即便是再不可捉摸，你也要牢牢地把握住它，因爲這關係到你是否能在社會上遊刃有餘地生存下去。而我們唯一可以把控情緒的法門，恐怕就是「忍」了。

「忍」字得當，可以化阻力爲動力，助你化解危機；反之，只怕是誤人誤己。

3 把工作完成在昨天

子在川上曰：「逝者如斯夫，不舍晝夜。」

——《論語．子罕》

孔子在河邊說：「消逝的時光就像這河水一樣啊，不分晝夜地向前流去。」

法國思想家伏爾泰曾說過一個意味深長的謎：「世界上哪樣東西最長又是最短的，最快又是最慢的，最能分割又是最廣大的，最不受重視又是最值得惋惜的；沒有它，什麼事情都做不成；它使一切渺小的東西歸於消滅，使一切偉大的東西生命不絕。」對於這個謎，一時之間眾說紛紜，很多人都捉摸不透。

直到有一天，一個叫查第格的智者猜中了。他說：「最長的莫過於時間，因為它永遠無窮無盡；最短的也莫過於時間，因為它使許多人的計畫都來不及完成；對於在等待的人，時間最慢；對於在作樂的人，時間最快；它可以無窮無盡地擴展，也可以無限地分割；當時誰都不加重視，過後誰都表示惋惜；沒有時間，什麼事情都做不成；時間可以將一切不值得後世紀念的人和事從人們的心中摳去，時間能讓所有不平凡的人和事永垂青史！」

對於一名員工來說，拖延是最具破壞性的，它是一種最危險的惡習，使人喪失進取心。遇事一旦開始拖延，就很容易再次拖延，直到變成一種根深蒂固的習慣。

但是對於一個優秀的員工來說，他們做事從不拖延。在日常工作中，他們知道自己的職責是什麼。在上司交辦工作的時候，他們只有兩個回答，一個是：「是的，我立刻去做！」另一個是：「對不起，這件事我幹不了。」某件工作能做就立刻去做，不能做就立刻說自己不能做。拖延成就不了出色的業績。

對於一名高效能人士來說，最佳的工作完成期永遠是昨天。比爾・蓋茨說過這樣的話：「過去，只有適者能夠生存；今天，只有最快處理完事務的人能夠生存。」確實，只有做事高效的人才能擠出時間來完成更多的事，這也是帕金森定律所揭示的內容之一。帕金森定律認爲，低效的工作會占滿所有的時間。

避免帕金森定律產生作用的辦法很明顯：爲某一工作定出較短的時間，不要把工作戰線拉得太長，儘快完成各項任務——當然，必須保證工作完成的品質。如果不這樣做，你對待那些困難的或者輕鬆的工作就會產生惰性，因爲沒有期限或者由於期限較長，也許你認爲可以以後再說。如果你只是從工作而不是從可用的時間上去想，你就會陷入一種過度追求完美的危境之中。你會巨細不分，並且安慰自己已經把某項（實際上是次要的）工作做得很完美了，這樣做的結果只能是使主要的目標落空。

某公司老闆要赴國外公幹，而且還要在一個國際性的商務會議上發表演說。他身邊的幾個工作人員忙得頭暈眼花，要把他所需的各種物件都準備妥當。

在該老闆出發的那天早晨，各部門主管也來送機。有人問其中一個部門主管：「你負責的文件打好了沒有？」

對方睡眼惺忪地回答道：「今早只睡了四小時，我熬不住睡去了。反正我負責的文件是以英文撰寫的，老闆看不懂英文，在飛機上不可能複讀一遍。待他上飛機後，我回公司去把文件打好，再以電訊傳去就可以了。」

誰知，老闆到後，第一件事就問這位主管：「你負責預備的那份文件和資料呢？」這位主管按他的想法回答了老闆。老闆聞言，臉色大變：「怎麼會這樣？我已計畫好利用在飛機上的時間，與同行的外籍顧問研究一下自己的報告和資料，別白白浪費坐飛機的時間呢！」

聞言，這位主管的臉色一片慘白。

優秀的員工在任何時候都不會自作聰明地設計工作期限，把工作的完成期限按照自己的計畫往後延，而是牢記工作期限，並清醒地意識到，最理想的任務完成日期是：昨天。這一看似荒謬的要求，是保持恒久競爭力不可缺少的因素，也是唯一不會過時的東西。

時不我待，要想在職場競爭中立於不敗之地，我們必須奉行「把工作完成在昨天」的工作理念。一個總能在「昨天」完成工作的人，才可能做到更好、更快地展現自身的價值。

4 樂業是職場修煉的最高境界

子曰：「知之者不如好之者，好之者不如樂之者。」

——《論語・雍也》

孔子說：「知道它的人不如喜好它的人，喜好它的人不如以它爲樂的人。」

任何一項事業，都需要一種無形的精神力量作爲支撐。這種精神就是像信仰神靈一樣信仰職業，像熱愛生命一樣熱愛工作，做到喜歡它，並以它爲樂。

敬業是職業人士的基本要求，而樂業就屬於境界問題了。要想達到這一境界確實有些難。

劉琳是個能幹的女孩，辦事勤奮，為人熱情，一向很努力，有著遠大的理想。但是，她工作八年來，工資越掙越少，換了很多公司，都是幹不了多久就被解雇了。上班的時候，她一邊工作一邊抱怨工作條件不好、客戶信譽不好、行業不景氣、老闆不認真、自己多麼倒楣，同時又分散精力於好友拜託的事別忘記了、晚上去赴宴穿什麼衣服之類瑣碎的生活小事上。她被自己折磨得又累又煩，什麼都不能專心做好。她越來越不快樂了，每天都陷在憂鬱、驚恐、不安的情緒中。

沒有積極情緒，更不用談快樂工作了。我們身邊這樣的人很多，他們並不是人品不好，但工作就是沒有成效。因爲他們不能踏踏實實地專注於自己的生活與工作，一味好高騖遠，心思飄忽煩躁，又亂又忙。

如果你在上班的時候，腦子裏還在掛念今天有什麼球賽，或者回味昨天夜晚的狂歡，或者考慮怎樣完成另外一份工作，那你就會連最基本的「專注」都做不到，更不用說「專與精」了。你只會一天又一天渾渾噩噩地走過，在混亂和無助中度過自己的職業生涯。

其實，學習和進德修業，都有三種不同的境界：一是知道，這一境界偏重於理性，物件外在於己，你是你，我是我，往往失之交臂，不能把握自如；二是喜好，這一境界觸及情感，發生興趣，就像熟識的友人他鄉遇故知，油然而生親切之感；三是樂在其中，也就是陶醉。陶醉於其中，以它爲賞心樂事，就像親密的愛人一樣，達到物我兩忘、合二而一的境界。這是人生最理想的生存狀態。在這種狀態下，身心都會感到快慰、自由。如果以這種狀態投入工作，那麼工作就是一種樂趣，效率也會大爲提高。

「好之者不如樂之者」，的確，這是一種高度，也是前人對我們的要求。沒有人一輩子被人養著，不勞動卻錦衣玉食。即使能夠這樣，寄生蟲式的生活也不會讓他得到多少快樂和滿足，成就感更是無從談起。只有真正體驗到自己工作的樂趣，才能有快樂和充實的感覺，才能真正體驗到工作的意義。

在工作中，我們很多時候都能尋找到樂趣，正如林肯所說：「只要心裏想快樂，絕大部分人都能如願以償。」但許多人不是到工作中去尋找樂趣，而是等待樂趣，等待未來發生能給他帶來快樂的事情。他們以爲找到好工作以後就會快樂起來，這種人往往是痛苦多於快樂。他們不理解快樂是一種心理習慣、一種心理態度，這種態度是可以培養起來的。假如你是一個電話接線生或是一個小公司的會計，每天都做著相同的工作：處理客戶的來話、統計報表……也許你會感覺單調無味到了極點。但假如你把自己每天的工作量都記錄下來，鞭策自己一天要比一天進步，一段時間後，你也許會發現你的工作不再是單調、枯燥的。這是因爲你的心理上有了競爭，每天都懷有新的希望。

難怪心理學家加貝爾博士說：「快樂純粹是內在的，它不是由於客體，而是由於觀念、思想和態度而產生的。不論環境如何，個人的活動能夠發展和指導這些觀念、思想和態度。」

只有真正體驗到自己工作的樂趣，才能有快樂和充實的感覺，才能真正體驗到工作的意義。

5 生於憂患，死於安樂

子曰：「人無遠慮，必有近憂。」
——《論語》

一個人若是沒有一點憂患意識，那遲早都會被這個社會所淘汰。

孟子說：「人總是要經常犯錯誤，然後才能改正錯誤。心氣鬱結，殫思極慮，然後才能奮發圖強；心思顯露在臉色上，表達在言語中，然後才能被人瞭解。一個國家，內沒有守法的大臣和輔佐的賢士，外沒有勢力相當的敵國憂患，往往容易滅亡。由此可以知道，有憂患使人得以生存，安逸享樂卻足以使人敗亡。」

安逸享樂能使人得到精神上的滿足、物質上的享受，但這往往是墮落的開端；憂愁禍患的確會給人帶來身心上的痛苦，但卻是催人奮進的精神食糧。

把一隻青蛙冷不防扔進滾燙的油鍋裏，青蛙能出人意料地一躍而出。然而，把同一隻青蛙放在逐漸加熱的水鍋裏，牠因爲感到舒服愜意，以致等到牠意識到大難臨頭時卻已經無能爲力了，最後只能葬身鍋底。

每個人都是有潛在的能量的，但要激發這些能量，需要外界力量的強烈壓迫，如果人在安樂中生存，那他就不可能激發出內在潛能，最後會像「溫水效應」中的青蛙一樣，失去反抗的能力。而緊張的生活節奏和適當的壓力，能使人的潛力處於時刻的激發狀態，這樣就能在絕境的時候，幫助我們尋找到生存的道路！

李自成，原名李鴻基，明末農民起義領袖，傑出的軍事將領。崇禎二年（一六二九）起義，先為闖王高迎祥部下的闖將，後於襄陽稱王；一六四四年正月，建立大順政權，年號永昌；同年攻克北京，推翻明王朝。

闖王攻入北京，以為天下已定，大功告成。那些農民出身的將領把起義時打天下的叱吒風雲的氣魄喪失殆盡，只圖在北京城中享受安樂。李自成想早日稱帝、牛金星想當太平宰相，各軍的將領都忙著營造府邸。

沒想到，吳三桂「衝冠一怒為紅顏」，竟然引著清兵入關，山海關外一場大戰，起義軍被滿清和吳三桂的聯軍大敗，自此一敗塗地。

優越的條件容易消磨人的意志，腐蝕人的精神，讓人喪失上進心，而艱苦的環境、坎坷的征途，則會磨煉人，讓人英勇奮進。

有一隻野豬對著樹幹不停地磨牠的獠牙，一隻狐狸見了就問：「現在既沒有豺狼，也沒有老虎，你為什麼不躺下來休息呢？」野豬回答說：「如果我現在不把牙齒磨鋒利，等到豺狼和老虎出現，我還有鋒利的牙齒和牠們搏鬥嗎？」

艱苦的生活環境能夠鍛煉人們的堅強意志，激勵人們不斷進取；安樂的生活條件容易腐蝕人，沉湎其中會走向頹廢乃至滅亡。這是古往今來從無數正反兩方面經驗中總結、提煉出來的警世良言，是一部人才成敗史、國家興亡史所證實的客觀規律。

春秋時期，吳越大戰，結果越國大敗。萬般無奈之下，勾踐屈服求和，卑身事吳，臥薪嚐膽，又經「十年生聚，十年數訓」，終於轉弱爲強，起兵滅掉吳國，成爲一代霸主，勾踐因何得以復國？正是因爲有亡國之辱的鞭策使他發憤、催他奮起的結果。

三國時期，蜀國後主劉禪，因爲有父親劉備留下的諸葛亮、趙雲等眾多賢臣勇將的輔佐，終日不理政事，只知貪圖享樂，最後終於使得蜀漢被曹魏所滅，做了個樂不思蜀的亡國之君。劉禪何以亡國？就是因爲沒有憂患之念，所以在賢臣勇將紛紛離世之後，便再也無力支撐蜀漢的偌大基業。

「生於憂患，死於安樂」古來使然。生與死，憂與樂，兩者相互依存，密不可分，又依一定的條件而轉化。艱苦、憂患可以使人自強不息；安逸享受容易叫人頹廢喪志，從而各自走向自己的反面。

如果我們喪失警惕，追求安逸、貪圖享受、驕傲自滿，就有可能在不知不覺中走到滅亡的深淵。

6 認識和鍛煉自己的「本心」

凡「勞其筋骨，餓其體膚，空乏其身，行拂亂其所為，動心忍性以增益其所不能」者，皆所以致其良知也。

——王陽明《傳習錄》

王陽明在《傳習錄》裏，引用孟子的話來強調什麼是最好的良知。但凡是一個人的筋骨受到勞累，身體受到難挨的饑餓，生活受到貧窮困苦，做的每一件事都不能順利、稱心如意，這樣便能震動他的心意，堅韌他的韌性，提高他的能力。這就是王陽明所指的最好的良知。

北宋范仲淹在成爲一代名臣前，就有過這樣的艱難處境。

范仲淹，字希文，是唐宰相履冰的後代。在范仲淹還只有兩歲的時候，父親就不幸得病去世了，為生活所迫，母親改嫁山東長山一戶姓朱的人家，從此，范仲淹也

跟從朱姓人家改姓朱，名叫朱說。

范仲淹從小就很有志向和操守，尤其喜愛讀書。等到他長大一些，從旁人的口中得知自己的家世，明白自己原來是隨母親改嫁而到朱家的，他的心靈受到了很大的刺激和震動，哭泣著辭別母親，獨自一人前往南京求學。

來到南京後，范仲淹過著十分艱苦的生活。但他卻以常人難以想像的毅力勤奮地讀書，晝夜不息。

在冬天寒冷的季節裏，是最考驗一個人意志的時候，人往往會因為寒冷而懈怠下來。范仲淹有時疲倦到了極點，就用冰涼刺骨的水來洗臉，用這個辦法來驅除倦意，振作精神繼續讀書。

寒冷和疲倦還容易戰勝，最讓一個人難熬的是食物的匱乏。自從范仲淹立志脫離朱家獨立生活，他的衣食便很不充裕，食物極度缺少時，他便靠喝煮得很爛的粥來充饑。

對於如此艱苦的生活，常人很難忍受，而范仲淹卻從不叫苦。他心裏有一種遠大理想的支持，從來就不以這種清貧的生活為苦，而以潛心於書中追求知識和智慧為自己最大的樂趣。正像《論語》中孔夫子稱讚顏回一樣：「賢哉，回也！一簞食，一瓢飲，在陋巷，人不堪其憂，回也不改其樂。」

一個同學看到范仲淹如此苦讀，十分佩服，便將他的事蹟告訴了父親。這位同學的父親是南京的一個大官，聽說兒子有范仲淹這樣餓著肚子做學問的同學，很受感動，便叫人給范仲淹送去許多可口的飯菜。

然而，令這位同學感到奇怪的是，經過許多天，飯菜都放臭了，也不見范仲淹吃一口，便問這是怎麼回事。

范仲淹很認真地說：「老兄呀，我很感謝你的好意。不過如果現在我吃了這麼好的飯菜，恐怕將來我就很難喝得下粥了。」同學聽了更是感歎不已。

范仲淹經過努力，在一〇一五年中了進士，後來官至副宰相，推行慶曆新政，成為北宋著名的改革家，並留下了「不以物喜，不以己悲」「先天下之憂而憂，後天下之樂而樂」的千古名句，為後人廣為傳誦。

范仲淹爲何能取得如此輝煌的成就?成功從苦難中來，在經歷苦難後實現。他在惡劣的條件下，獨自刻苦學習鑽研，就是他取得成功的最大原因。

良知就是「道」，最好的良知就是最好的「道」，也是每個人最初的「本心」。一開始，我們的心是毫無污垢並且寧靜祥和的，它能感通萬物。如果好好利用我們的「本心」，便可成就一番作爲，實現理想。但是，我們大多數人，在經歷了世間的事物後，有些人被物欲或其他的欲望玷污了「本心」，讓它被埋於塵埃下，不被人所知，甚至連自己也無法感受到。

若是我們有崇高的理想、偉大的目標，不想虛度此生，就應該讓自己的身體和精神都得到鍛煉，久而久之，我們便能超越世俗，進入更廣闊的自由境界，讓智慧得到最大限度的挖掘。

這就是尋找最好的良知必須走的艱苦之路，也是一條不斷挑戰自我、動心忍性、追求理想的成功之路。

「動心忍性」並不像字面上顯得如此艱難。為了成功，我們沒有必要把自己應該有的好的生活環境故意換成物質匱乏的生活條件，也不是只有愁眉苦臉才能做出好的學問，更不是故意不吃不喝去體會那種本不該有的饑寒交迫。動心忍性，其實就是讓自己得到「苦」的鍛煉。你可以把世界看成一個大熔爐，而你自己是一塊需要打磨的粗鐵。想像自己每天都在焰火裏錘煉自己，像打造一把寶刀一樣，每一次的火燒，每一下的敲打，都會讓自己更強大一些，更精純一點。

做到這樣的「動心忍性」之後，心靈便得到錘煉，變得更加強大，能夠接受在他人看來根本無法承受的錘煉和打擊。這便是「待之以性，而不待之以心」的道理。意思是，世間的各種遭遇，都不要用感官之心來感知它，而是應該用「本心」去感受、去體驗，去接受敲打和磨煉……

認識和鍛煉自己的「本心」，就是要超然於各種境界之外，學會把控自己。要認識到，無論遭遇多大的困境，我們的心都是堅忍不拔、清澈明亮又不受雜物侵襲的，感到痛苦的只有我們的身體。

在生活中，無論我們遭遇了多大的痛苦，都需要保持心靈的平和，把淡定的心保持起來，怡然自得地感知內心，心平氣和地處理每件事。這就是考驗我們心性的一個過程，這就是「動心忍性」的過程。

「行到水窮處，坐看雲起時。」唐代詩人王維將磨煉心性描寫得甚有意境：沿著山溪尋去，一路千辛萬苦，終於到達源頭，山已窮，水已盡，但當你靜下心來，打量四下，卻發現早已有氤氤氳氳的雲霧在山腰冉冉升起，這是一種境界，一種在攀越險峰時才能看到的美麗景象。

鍛煉自己的心性，也是需要經歷險峰的。在磨煉心性的過程中，我們會體驗各種煩躁和無法忍耐的感覺，但當我們跨越這一道道艱難險阻，來到山腰觀賞到渺渺雲霧時，心靈上的超然便會油然而生。

當生命的祥瑞之雲在心間升起時，心靈也將隨之清澈靈明起來，整個人也會感到前所未有的自信。這一切感覺都來自內心深處，這種感覺讓人不論在何時何地，都能獲得「本心」的力量，讓自己經受身體上的各種苦難，與此同時，心靈也變得更加強大。量變產生質變，只有心靈經歷了千錘百煉的考驗，才會產生一個質的飛躍，讓自己的心達到一個全新的高度。

7 暢達時不張狂，挫折時不消沉

譬如行路的人，遭一蹶跌，起來便走，不要欺人做那不曾跌倒的樣子出來。

——王陽明《傳習錄》

比如，一個行走的人，不小心摔了跤，然後立即站起來就走，但最好不要裝作沒有跌倒的樣子。

王陽明認爲，人在遭遇挫折、失敗的時候要冷靜、淡定。就好像一個人在行走時，不小心摔了一跤，爬起來後拍掉身上的塵土，看看自己的身體有沒有受傷後再繼續行走，不要自欺欺人地裝出一副不曾跌倒的樣子，也不要因爲摔了一跤，就站在原地不敢前進了。

每個人都會經歷輝煌與低谷、成功與失敗。但今日的輝煌並不能代表明日的成功，今日的低谷也不能代表明日的失敗。而人生恰恰就是需要不同的經歷來提醒大家，幫助大家塑造理想中的自己。因此，在低谷與輝煌、失敗與成功轉化的過程中，我們需要從容地面對每一次的風浪，唯有淡然以處之，勇敢地走下去。

人生在世，失敗在所難免。面對生活中的得與失，起決定性作用的，並不是人生的際遇，而是思想的一剎那；當生活中遇到麻煩的時候，如果連繼續走下去的勇氣都沒了，那豈不是要永遠被囚禁在泥沼之中，痛不欲生？

一個看起來像秀才的人，漫步在滿是塵埃的道路上，他搖晃著腦袋，背著詩詞，很是愜意。

一年前，秀才進京趕考，但是考場失利，金榜無名。心情苦悶的他無顏面回家，獨自一人在京城浪跡，整日借酒消愁、以淚洗面，很快幾個月過去了。而就在兩個月前的一天，秀才和幾個朋友出遊，偶遇一老者，兩人相談甚歡，隨後秀才說出了心裏壓抑已久的苦悶，老人聽後，問道：「昨天早上你最先和誰說話？」

秀才說自己忘了。

老人問他：「你明天會遇到什麼人？」

秀才說：「明天還沒來，我怎麼會知道呢？」

老人繼續問道：「此刻，你面前是誰？」

秀才說：「當然是您啊。」

老人微笑著點點頭，說：「昨天的事情已經過去，明天的事還沒有到來，只有現在才是能把握的，對往事，你又何必戀戀不捨呢？沒有人知道明天會怎樣，而昨天也一去不復返，你何不放下掛念，淡然處之呢？你想想你失去什麼嗎？沒有！你不過是重新開始而已。」

秀才覺得老人說得很有道理，安靜地聽老人繼續說下去。

老人說：「既然是新的開始，又何必執著於從前？就好像流淌的溪水，雖然有時被沙石阻擋，但它終究還是要流進萬里波濤啊。你懂了嗎？」

秀才真誠地點點頭，而此刻在他心中已經有了新的目標：三年之後，再考一次。之後，秀才告別京城的朋友，踏上了回家的路。

有人說，因爲想得太多，所以害怕失敗。而想得太多是因爲情感豐富，秀才考場失利後的苦悶心情，就是這個道理。慶幸的是他醒悟得及時——心境重歸於平淡，重新確定了目標。從秀才身上，我們領悟到的不是放棄後的心如止水、無動於衷，而是重新踏上征程的豁然。從此，他不再執著於過去的遺憾，也不再幻想著未知將來，把心思放在當下，把眼前的事情做好。

某個作家說：「生命是個橘子，自己決定了生命，就像你選擇買了這個橘子，酸甜就要自己負責了。生命是個橘子，一瓣跟著一瓣，有時是甜的，也有時是酸的，但也要親自嘗了才酸甜自知。」生命就是一次旅行，每個階段的行程都需要一個開始，通過你的親身經歷，勇敢地面對成功與失敗。

其實，成功的人之所以能夠成功，並不是因爲他們多麼聰明能幹，而是因爲面對成功與失敗，他們都很淡定，都要繼續往前邁一步，即使只是一小步，成功也都會靠近一點點。而王陽明因為深知淡定地面對失敗，是從失敗轉向成功最有效的辦法，所以，他鼓勵大家在跌倒後爬起來繼續前進。

8 接納苦難，與快樂交織並行

> 雖則聖賢別有真樂，而亦常人之所同有，但常人有之而不自知，反自求許多憂苦，自加迷棄。雖在憂苦迷棄之中，而此樂又未嘗不存，但一念開朗，反身而誠，則即此而在矣。
>
> ——王陽明《傳習錄》

王陽明說：「聖賢們雖然另有真正的快樂，然而這種快樂也是一般人共有的，只是一般人不知道這樣快樂，反而給自己找來許多憂愁苦悶，丟棄了真正的快樂。雖然在憂苦迷茫中丟棄了快樂，但真正的快樂並非就不存在了，只需念頭明朗，在自己身上尋找，便能真正感覺到快樂。」由此可見，人人自身都有快樂。

生活中有苦有樂。生活的波浪在高峰時，人即顯得快樂；在低谷時，人便顯得痛苦。而波浪永遠都是忽高忽低，沒有永恆的上揚，也沒有永恆的傾瀉，所以人生是痛苦與快樂交織並

行，二者相伴相生，既矛盾又聯繫。所謂「沒有痛苦也就無所謂快樂」，如果我們將痛苦與快樂看成絕對的對立從而加以逃避，那麼，我們不僅不能得到快樂，反而會變得更加痛苦，而我們之所以見苦畏懼，是因為我們沒有一個正確的苦樂觀。

王陽明廿八歲舉進士，之後擔任過刑部主事、兵部主事。正當他要為朝廷出力的時候，政治劫難卻降臨到他頭上。正德元年，因營救南京科道戴銑等人，他得罪了宦官劉瑾，因受其所害，第二年被貶謫到龍場驛任驛丞。在赴任的路上，劉瑾又派人跟蹤追殺。他僥倖逃過一死，之後又乘坐一隻商船去舟山，不料遭遇颶風，船漂流至福建的武夷山。王陽明本想隱居武夷山，卻又擔心劉瑾找父親的麻煩，於是他到南京探望父親之後，便輾轉到達龍場。

當時的龍場是深山荊棘叢生，毒蛇猛獸出沒，蠱毒瘴氣相侵，苗彝雜居，屬水西安宣慰轄地。王陽明初到龍場，人地生疏，就用柴草搭了一個窩棚居住。不久他的書童在離龍場不遠的東面三里遠的龍岡山上發現了一個山洞，他們很是欣喜，即搬進洞裏居住，這便是今天聞名中外的陽明洞。

陽明先生到達龍場後，錢糧困逼，常處於絕糧挨餓的狀態，兩個隨來書童很是難受，先生便帶著他們在附近開了幾畝耕地種植莊稼，解決了吃飯問題。龍場南面一裏路，有一個平地曠野中隆起的一座石岩下的小洞，可容納數十人，陽明先生見了此洞很是滿意，便進入此洞「穴山麓之窩而讀《易》其間」，這便是玩易窩了。

陽明先生起初在山洞講學，當地百姓見洞內陰暗潮濕，便在洞上山頂修造房屋，房屋修成後，命名為「龍岡書院」，成為當時全國著名的書院之一。

陽明先生在龍場兩年，貴州提學副使席書聘請他到貴陽文明書院作主講師，他在講學中，對所講「知行合一」學說甚重。他深悟《易經》「精粗一，內外合」的要義，將古人《支離決裂》的知行觀統一起來，提出「知是行的主意，行是知的功夫；知是行之始，行是知之成」。知行的本體是同一的。強調「言行一致」，「篤實躬行」。與朱熹「吾理吾心終判為二」，「知在行先」，言行不一，流於空談之論分庭抗禮，成為明代儒家理學一大宗派。

身處逆境固然讓人痛苦，卻更能磨礪人的意志，使一個人由脆弱變得堅強，變得有韌性。王陽明經歷了磨難，心性比以前更加堅強。他開始瞭解群眾疾苦，為生民立命，在艱苦的環境中成長，最終構建了心學理論的大廈。

從長遠看來，痛苦其實是人生最寶貴的精神財富。正如人們常說的：「沒有苦中苦，哪有甜中甜？」哈密瓜比蜜還要甜，人們吃在嘴裏、樂在心上；苦巴豆比難吃的中藥還要苦。然而，種瓜的老人告訴我們：哈密瓜在下秧前，先要在地底下埋上半兩苦巴豆，瓜秧才能茁壯成長，結出蜜一樣的果實來。

人們又說「不經風霜苦，哪得臘梅香」，成功的快樂正是經歷艱苦奮鬥後產生的。吃得苦中苦，方能得成果。古人「頭懸樑，錐刺股」，苦則苦矣，但他們下苦功實現上進之志，本身就是一種快樂，以苦爲樂，苦中求樂，其樂無窮。

做一件艱苦的事，我們不能埋怨。一旦有了成功的希望，有了奮鬥的目標，知道苦盡甘來的道理，艱苦前行的人，才不會懈怠，不憚迎接成功的苦痛。

的確，人生的悲苦從來都是無法逃避的。多苦少樂是人生的必然。

有這樣一個關於「苦」的古老故事：

有一群弟子去朝聖。師父拿出一個苦瓜，對弟子們說，隨身帶著這個苦瓜，記得把它浸泡在每一條你們經過的聖河，並且把它帶進你們所朝拜的聖殿，放在聖桌上供養，並朝拜它。

弟子朝聖走過許多聖河聖殿，並依照師父的教言去做。回來以後，他們把苦瓜交給師父，師父叫他們把苦瓜煮熟，當作晚餐。晚餐的時候，師父吃了一口，然後語重心長地說：奇怪呀！泡過這麼多聖水，進過這麼多聖殿，這苦瓜竟然沒有變甜。弟子聽了，立刻開悟了。

苦瓜的本質是苦的，不會因聖水聖殿而改變；人生是苦的，修行是苦的，由情愛產生的生命本質也是苦的，這一點即使聖人也不可能改變，何況是凡夫俗子！看過著名油畫大師梵谷故居的人都知道，那裏只有裂開的木床和破舊的皮鞋。梵谷一生潦倒困苦，沒有娶妻，但也許正是生活上的困窘，使他在藝術上有頗高的造詣，使他成爲大師中的大師，使他的作品成爲經典中的經典。

對待人生與修行也是這樣的，時時準備受苦，不是期待苦瓜變甜，而是真正認識那苦的滋味，這才是智慧的態度。苦瓜本來就是苦瓜，是連根都苦的。這是一個苦瓜的實相、真相。變甜只是我們虛幻的期待而已，唯有真正面對事物的真相，我們才能從中解脫。

當我們接納苦，把苦看作人生的必然歷程時，苦便不再是世俗的「苦」。同樣，接受樂，把樂當作生命的歷程，樂也不再僅僅是世俗的「樂」。當眾生真的能接納所有苦樂時，先前的苦樂「標準」立刻土崩瓦解，根本不再有苦與樂的分別，生命的波瀾盛宴就此展開，大自在境界即在眼前。

第三章

豁然——「驀然回首，那人卻在燈火闌珊處」

歷經磨難，我們逐漸成熟、成長，最終豁然貫通、水到渠成。這其中蘊含一個重要道理，就是蘇東坡所說的「厚積而薄發」。只有厚積才能薄發，人要做的，就是不斷厚積，等待薄發。

1 最忌自欺欺人，不懂裝懂

知之為知之，不知為不知，是知也。
——《論語．為政》

孔子的這句話，告訴我們這樣一個哲理：在現實生活中，許多人不願意說出「不知道」這三個字，認爲那樣做會讓別人輕視自己，使自己很沒面子，結果卻適得其反。

古希臘著名哲學家蘇格拉底也曾說過：「就我來說，我所知道的一切，就是我什麼也不知

道。」蘇格拉底以最通俗的語言表達了進一步探索的強烈願望。

如果一個人對自己不明白的問題加以隱瞞，不去向別人請教，在別人面前仍然不懂裝懂，那他就是太無知、太虛僞了。人不懂並不可怕，可怕的是不懂裝懂。在這個世界上沒有一生下來就上通天文、下知地理、曉古通今的人，人們都是在不斷的學習探索中充實自己的。只有虛心向別人學習，不恥下問，才能不斷進步。否則我們若像南郭先生那樣「濫竽充數」，便只能是被後人笑話，最終被社會淘汰。其實，對自己不知道的事情，坦率地說不知道，反而更容易贏得別人的尊重。

心理學家邦雅曼・埃維特曾指出，平時動不動就說「我知道」的人，不善於同他人交往，也不受人喜歡，而敢於說「我不知道」的人，則顯示的是一種富有想像力和創造性的精神。埃維特還說，如果我們承認對某個問題需要思索或老實地承認自己的無知，那麼我們自己的生活方式就會大大地改善。這就是他竭力宣導的態度，人們可以從中受到教益。

凡是聰明的人，都有勇氣承認「沒有人知道一切事情」的這個事實。他們面對不瞭解的事情能夠坦然地說自己不知道，隨後就去尋找他們所欠缺的知識。承認自己不知道無損於他們的自尊，對於他們來說，「不知道」是一種動力，促使他們積極採取行動，進一步瞭解情況，求得更多的知識。

正因爲人的心理通常是隱惡揚善的，所以人們會想盡辦法來掩飾自己不知道的事情，宣揚自己所知道的事情。有時候，爲了隱藏自己的弱點和無知，人們喜歡擺出一副不懂裝懂的姿態，殊不知這樣反倒給人一種淺薄的感覺。

有一次，一位外國人去旁聽一位美國加州大學著名教授的演講。課上他提出他做的老鼠實驗的結果。此時，有一位學生突然舉手發問，提出了他的看法，並問這位教授假如用另一種方法來做，實驗結果將會怎樣。所有的聽眾全都看著這位教授，等著看他如何回答這個他根本就不可能做過的實驗。結果，這位教授卻不慌不忙，直截了當地說：「我沒做過這個實驗，我不知道。」

當教授說完「我不知道」時，台下響起了經久不息的掌聲。

一般人都有不想讓別人看出自己弱點的心理，因此很難開口說「不知道」。殊不知，有時對自己不知道的事情坦率地說不知道，反而可以增加人們對你的信任和親近。因爲直截了當地說不知道，會給人留下非常誠實的印象，並且敢於當眾說不知道，其勇氣足以讓人佩服。這樣，對你所說的其他觀點，人們會認爲一定是千真萬確的，因此對你也就會更加信任。

幾乎每個人的知識面都是有限的，學問上的精通是相對的，認知上的缺陷是絕對的。世上沒有無所不知、無所不能的「全才」，儘管人們都在朝著這個方向努力。「知而好問然後能才。」聰明而不自以爲是，並且善於向別人請教的，才能成才。敢於承認有些事情和道理「不知道」，正是求得「知道」的基礎；「不知道」的強說「知道」，自作聰明，欺人自欺，最終

只會貽笑大方。

有個美術評論家總是大吹大擂，凡事不懂裝懂。

有一天，那個評論家受一位知名人士所邀請，來到名人家裏，許多美術界的權威也在，他們暢所欲言，談笑風生。

一會兒，主人拿來一幅畫像說：「這是我剛買來的畢卡索的畫，請諸位評論一下。」

於是，那個不懂裝懂的評論家馬上站起來說：「色彩華麗，線條鮮明，果然是畢卡索的畫。你剛拿來的時候，我就看出是畢卡索的畫了。」

主人聽完，再仔細看了一下畫說：「真抱歉，剛才我介紹錯了，這不是畢卡索的畫，而是米開朗基羅的作品。」

「什麼？米開朗基羅的？」

頓時，在座的各位看著那個評論家捧腹大笑。評論家滿臉通紅，不好意思地低下了頭。

不要不懂裝懂，所以孔子才告訴子由「懂了就是懂了，沒有懂就是沒有懂，這才是真懂」。

求知最忌自欺欺人、不懂裝懂。人們時常諷刺那種只會說「Yes！」的「假洋鬼子」，這是不懂裝懂的典型形象。而實際上，生活中這樣的「假洋鬼子」到處都是，充斥於各行各業。如果只是讀書求知，這種「假洋鬼子」還不過是害己而已，沒有什麼大的危害。但如果讓這種人從政治國，那可就不是害己的問題了，小則害己害人，大則亡黨亡國。所以，我們絕不要低估了不懂裝懂的危害。因為它完全可能由一種個人品質而發展成為一種社會公害，遺患無窮。

2 不顯山露水，不賣弄聰明

子曰：「吾與回言終日，不違如愚。退而省其私，亦足以發。回也不愚！」
——《論語．為政》

孔子說：「我和顏回談論一整天，他從不提反對意見和疑問，就像一個愚笨的人。可是，我注意觀察他課後的情況，卻發現他很能發揮我所講的內容，顏回並不愚笨！」

有大智慧的人，不顯山露水，不賣弄聰明，表面上看起來很愚笨，其實卻很聰明。有句俚語說得生動：「面帶豬相，心頭僚亮。」可惜顏回沒有照片留下來，我們不知道他長得怎麼樣。

《小兒語》告訴我們：「洪鐘無聲，滿瓶不響。」俗話說：「滿罐水不響，半罐水響叮噹。」如果你留意觀察，生活中這種現象真是不少。有經驗的教師都知道，課堂上發言最踴躍的不一定是成績最好的，而往往是所謂的「小聰明」。

《老子》有句名言：「大直若屈，大巧若拙，大辯若訥。」蘇東坡補充說：「大勇若怯，大智若愚。」（《賀歐陽少師致仕啟》）

顏回不正是這樣一個外愚內智的人嗎？

外愚內智並非一種處世的技巧，也不是基督的那種泛愛與寬容，它是中國特有的大學問、大智慧，也是中國人特有的一種人生大境界。

《道德經》中說的「大智若愚，大巧若拙」，聽起來好像是讓人裝笨裝糊塗，其實不然，其中有著很深刻的爲人處世的道理——隱藏自己的聰明，不做挨打的出頭鳥。

世間往往會有這樣一種奇怪的現象——越是有本事的人，他們往往越低調，看上去就像什麼都不會一樣。而那些經常顯擺自己無所不能的人，到了關鍵時刻什麼也幹不了。

人的一生精力有限，若對什麼事都斤斤計較，那就太累了，不如「抓大放小」，小事糊塗而大事精明，既顯得寬容大度，又能保全自己。

小事愚，大事明。對於個人來說是一種很高的修養。所謂愚，並非自我欺騙，或自我麻醉，而是有意糊塗。

該糊塗的時候，就不要顧忌自己的面子、自己的學識、自己的地位、自己的權勢，一定要糊塗；而該聰明、清醒的時候，則一定要聰明。由聰明而轉糊塗，由糊塗而轉聰明，則必左右逢源，不為煩惱所擾，不為人事所累，這樣你也必會有一個幸福、快樂、成功的人生。

明朝時，況鐘以小吏的身分追隨尚書呂震，呂震欣賞他的才華，推薦他當主管，升為郎中，出掌蘇州府。

況鐘剛到蘇州府時，假裝不懂政務。府裏的小吏們抱著公文，圍著況鐘，請他批示。況鐘裝作不知，瞻左顧右地問小吏，小吏說可行就批准，小吏說不行就批不准，一切都聽部屬的。這些小吏都很高興，說況鐘是個笨蛋。

三天後，況鐘召集部屬，責罵道：「某某事可行，你卻阻止我；某某事不可行，你卻要我批准。可惡呀可惡！」就將這些小吏捆綁，拷打之後，丟在庭院裏，結果死了好幾個人，這些部屬又變得十分恐懼，認為況鐘十分神明。從此以後，況鐘對這些小吏細加考察，辭退五個貪恃的小吏及十幾個愚笨、懦弱的人，蘇州從此大治。

宋代宰相呂端是有名的相國。他在小事上很會裝糊塗，而在大事上、在需要決斷時則又十分聰慧和果敢。

當宋太宗病危時，內侍王繼恩忌恨太子英明過人，私下裏同參知政事李昌齡等

打算立楚王元佐為王位繼承人，宰相呂端到宮禁中去探問皇帝的病情，發現太子不在皇帝身邊，懷疑其中有變，就在笏上寫了「病危」兩個字，命令親近可靠的官員請太子馬上入宮侍候。

太宗死了，李皇后叫王繼恩來召呂端進宮。呂端知道情況有變化，馬上哄騙王繼恩，讓他領著進書閣檢查太宗先前所賜的手寫詔書，把詔書鎖起來才入宮，皇后說：「皇帝已經去世了，立太子應當立長子，這是順理成章的事。」

呂端說：「先帝立太子，正是今天。現在天子剛剛離去，難道可以馬上就違抗天子的命令，在王位繼承人問題上提出別的不同說法嗎？」於是就擁戴太子繼承王位。宋真宗登上王位後，在舉行登基儀式時，天子座位前垂著帷簾接見群臣。呂端平正地站在殿下，先不拜天子，而是請求天子卷起帷簾，他上殿仔細看過，認清了的確是原太子，然後才下臺階，帶領群臣拜見天子，高呼萬歲。

呂端小事糊塗，正是裝糊塗，正是大智若愚，而在必要時，才表現出大智的另一面：見識和決斷。

人的一生不必太較真，遇大事的時候分清輕重，精明一些，小事糊塗一點，這樣必能活得自在坦然。

小事糊塗，對工作、生活中非原則性的小事，要運用一個字「懶」，就是懶得去聽，懶得去看，就是請你也不要去。不去聽，就能耳不聽、心不煩。如果聽見了就裝作耳聾，沒聽見；看見了，就裝眼瞎，沒看見，而且在思想上要真心當作一點兒不知道那樣泰然處之，在嘴巴上真正當作一點兒不知道那樣從不談及。要學會裝作不懂。對一些無傷大雅、無關大局的問題，最好不去過問，就是知道了，也裝不懂。裝不知運用一個字「懶」，裝不懂則要運用一個「傻」字。在有些問題上，裝聾賣傻，並不掉價失聲望。

古時候有一位刺史，跟本州參軍關係不好。於是，參軍總想找機會給刺史一個難堪。

有一天，刺史的家僮騎著馬，從參軍身邊匆匆經過，沒有下馬請安。這在當時是一種失禮的行為。參軍假裝大怒，追上去，將家僮拉下馬，用皮鞭一頓猛抽，打得皮開肉綻。然後，他提著馬鞭來見刺史，敘述經過後，說：「我打了您的家僮，請讓我解職回家吧！」

這等於是給刺史將了一軍：如果刺史不同意他解職，就輸了一招；如果刺史同意他解職，又有公報私仇之嫌，反而被他抓住把柄。但這位刺史並非等閒之輩，他只是淡淡地說：「奴才見了官人不下馬，打也可以，不打也可以；官人打了奴才，走也可以，不走也可以。」

參軍不知所措。走也不是，不走也不是。他默思半晌，說不出一句話，只得躬

身告退。自此，他再也不敢找刺史的麻煩了。

「走也可以，不走也可以」，刺史對參軍交來的棘手問題不明確表態，將決定權交給對方，等於反將對方一軍。

這種「小事糊塗」的做法，不僅是處世的一種態度，亦是健康長壽的秘訣之一。一個人每天都要受到或多或少、或大或小的事情糾纏與人際糾葛，故生活中的種種矛盾很難避免。如果一個人遇事總是過分計較，一味地追究到底，硬要討個「說法」，煩惱和憂愁便會先自「說法」而來，久而久之，不利於身心健康。

3 欲速則不達

子夏為莒父宰，問政。子曰：「無欲速，無見小利。欲速則不達；見小利則大事不成。」

——《論語．為政》

子夏做了莒父邑的長官，問怎樣治理政事。孔子說：「不要圖快，不要貪小便宜。圖快反而達不到目的，貪小便宜就辦不成大事。」

西元前六五八年，晉國人以寶馬美玉獻給虞公，要求借道討伐虢國。宮之中以唇亡齒寒的道理勸諫虞公不要答應晉國的借道要求，但虞公貪圖寶馬美玉而不聽勸諫。結果，晉國人滅虢國後在返回的途中又順手滅了虞國。這是貪小便宜而壞大事的典型。

一九五八年，中國人以火箭般的「大躍進」速度趕超英美，結果是經濟大倒退。這是「欲速則不達」的典型。

國家大事如此，個人事務也是一樣。所謂「風物長宜放眼量」也就是這樣的意思。但面對現實，誰又沒有「近視」而急功近利的時候呢？既然如此，就應把聖人的話當作座右銘，時常提醒自己。

任何一位追求成功的人都應當明白：緊急的事不一定重要，重要的不一定緊急。不幸的是，我們許多人把我們的一生花費在較緊急的事上，而忽視了不那麼緊急但比較重要的事情。當你面前擺著一堆問題時，應問問自己，哪一些真正重要，把它們作為最優先處理的問題。如果你聽任自己讓緊急的事情所左右，你的生活中就會充滿危機。

根據你的人生目標，把所要做的事情制定一個順序，有助你實現目標的，就把它放在前面，依次為之，把所有的事情都排一個順序，並將它記在一張紙上，就成了事情表。養成這樣一個良好習慣，會使你每做一件事，就向你的目標靠近一步。

眾所周知，人的時間和精力是有限的，不制定一個順序表，你會面對突然湧來的大量事務手足無措。

美國的卡內基在教授別人期間，有一位公司的經理去拜訪他，看到卡內基乾淨整潔的辦公桌感到很驚訝。他問卡內基說：「卡內基先生，你沒處理的信件放在哪兒呢？」

卡內基說：「我所有的信件都處理完了。」

「那你今天沒幹的事情又推給誰了呢？」經理緊追著問。

「我所有的事情都處理完了。」卡內基微笑著回答。看到這位公司經理困惑的神態，卡內基解釋說：「原因很簡單，我知道我所需要處理的事情很多，但我的精力有限，一次只能處理一件事情，於是我就按照所要處理的事情的重要性，列一個順序表，然後就一件一件地處理。結果，完了。」說到這兒，卡內基雙手一攤，聳了聳肩膀。

「噢，我明白了，謝謝你，卡內基先生。」幾周以後，這位公司的老闆請卡內基參觀其寬敞的辦公室，對卡內基說：「卡內基先生，感謝你教給了我處理事務的方法。過去，在我這寬大的辦公室裏，我要處理的文件、信件等，都是堆得和小山一樣，一張桌子不夠，就用三張桌子。自從用了你說的法子以後，情況好多了，瞧，再也沒有沒處理完的事情了。」

這位公司的老闆，就這樣找到了處理事務的辦法。幾年以後，他成為美國社會成功人士中的佼佼者。

柯維指出：有效的管理是要先後有序。在領導決定哪些是「首要之事」以後，時時刻刻地把它們放在首位的就是管理了。管理是紀律，是貫徹。

如果你是一個有效率的自身管理者，你的紀律來自你自身內部；它是你獨立意志的一種因素，而你是你自己深刻的價值及其源泉的追隨者。而且你有將你的感情、你的衝動、你的心境從屬於那些價值的意志和忠貞。

4 行動在先，說話在後

子貢問君子。子曰：「先行，其言而後從之。」

——《論語．為政》

子貢問孔子怎樣才是君子。孔子說：「行動在先，說話在後。」

真正的君子，就是要少說空話，多做實在的事情。也就是「敏於事而慎於言」，凡事先做起來，然後再說，把實際的行動放在言論的前面，而不要光吹牛不做事，誇誇其談。語言的巨人，行動的矮子。這是聖人所不能容忍的。

把自己業績超群的事，經常掛在嘴邊大吹大擂，或不斷地拿它去傲人，這就囂張過分，應該有所克制。

很多剛走上工作崗位的人，不懂得這種心理，往往希望從一開始就引人注目，誇耀自己的學歷、本事、才能。即使別人相信，形成心理定式之後，如果你工作稍有差錯或失誤，往往也會被人瞧不起。試想，如果一個本科生和博士生做出了同樣的成績，人家會更看重誰？人家會說本科生了不起。你博士生的學歷高，理應本領高些，可你跟人家一樣，有什麼了不起的？心理定式是難以消除的。所以，剛走上崗位或新崗位的人，不應當過早地暴露自己，當你默默無聞的時候，你會因一點成績一鳴驚人，這就是深藏不露的好處。如果交給你一項工作，你說：「我保證能夠做好！」幾乎和說「我不會」一樣糟糕，甚至更糟糕。你應當說：「讓我試試看。」結果你同樣做得很好，可得到的評價會大不相同。

某高校，一個系裏有兩位成果頗豐的青年教師，一個愛吹噓自己的成就，逢人便說又發表了幾篇文章，學術成就有多高；另一個人幾乎總是迴避關於這個問題的提問，其實兩個人在各自的學術領域裏都已嶄露頭角，而後邊的那個人的文章更經常成為學術界評議的對象，但他始終不吹噓炫耀自己。結果，兩個人都抱著一疊雜誌到系裏申報職稱，別人卻說：「你整天吹噓炫耀自己發表了多少多少文章，按數目早就遠遠超過這些了，怎麼才這麼多。看看人家，平日一聲不響，誰能想到他會發表這麼多文章呢？」儘管兩人數量差不多，但後來還是第二個人先晉升了。

待人坦誠，心直口快並非不好，但事實證明那些心直口快的人往往容易暴露自己，得罪別人，既沒有很好地把握自我，也不易取得事業的成功。這樣的人實在不太聰明。你無意中說了別人什麼，但別人常常會記憶一輩子，到適當的時候，他可能會不知不覺或有意識地進行報復。因此我們說「口無遮攔」，坦蕩如砥，是一個人的好處，也是一個人的致命弱點。

可是，話說回來，表現拔尖而過分謙虛，也不應該。

當你確實在業績上大有突破，對單位的貢獻也是眾人公認的，這時向企業要求適當的報酬也無不可。借這個機會把自己好好宣傳一下，也是應該的。

要不吹牛也不要謙虛過度，表面上看來很簡單，其實卻不是那麼容易掌握好的。因為人的性格，他所接受的教養一般總是偏向某一邊的。

小A姑娘，廿六歲，外向型性格，話很多，有時令人討厭。她的自我感覺總是那麼良好，就連自己那張並不怎麼漂亮的臉，由她自己說來也是美似天仙。她當然知道，作為一個年輕的下屬，不該吹牛，但不知不覺中，只要一開口，就必會自我吹噓。什麼我的朋友是大學教授（其實是講師）啊，什麼某某領導非常器重我啊。久而久之，無論她說什麼別人都打個問號，甚至連她結婚的消息人們也將信將疑，經過再三證實後才相信，這就是吹牛的惡果。俗話說：「牛皮不是吹的，火車不是推的。」人在社會上的地位如何、貢獻多大，歸根結底要靠真實情況，吹牛的人不但令人討厭，而且「假作真時真亦假」，連你的真話都會無人相信的。

小B的情況則和小A相反。他的父母都是中學教師，自小對他進行著比較嚴格的教育。但他就是太謙虛，無論什麼事，明明有能力做，也要說：「我不行，我不行。」結果錯失了許多很好的機會。每次評比，總有人想到這位老實人小B，但每次他都推掉了。結果呢，人人都說小B是好人，而他卻失去了許多原本應該得到的東西。在現代社會的激烈競爭中，他顯得非常不適應。

要掌握好不吹牛但也不謙虛過度的尺度，一是要看時間，絕不要逢人就說自己如何如何行，也不要遇事就往後縮，一般情況下，是謙虛一點好。二是要看場合，同事見面、親友相逢，都不應該自我吹噓；總結彙報，自我評定，則一點兒也不要客氣。三要看事實，無論何時何地都不能無中生有，也不能敷衍誇張，有什麼講什麼，實事求是。四是要有氣魄，認定是應該屬於自己的東西，就要毫不謙虛，大力爭取；但又不必為蠅頭小利斤斤計較，即使有時是比較重大的事情，假如同僚中確有比自己條件突出的人，但名額卻只有一個，大度地放棄它也不是什麼壞事。

5 一屋不掃，何以掃天下

所謂汝心，亦不專是那一團血肉。
——王陽明《傳習錄》

俗話說得好，「一屋不掃，何以掃天下？」當今社會，很多人成天異想天開要做一番大事業，對身邊的小事卻不屑一顧，認為這些小事都是給沒有能力的人做的。殊不知，這世間萬物大與小的概念其實是不盡相同的。對於銀河系來說，裝載我們人類和其他各種生物的地球只是九牛一毛而已；而一片相對於人類來說微不足道的樹葉，在螞蟻面前卻成了巨大的操場。所以，小又是大，大亦是小，小事不做又何以成就大事呢？

一天下午，天氣忽變，瞬間就下起了傾盆大雨，路上的行人都就近到路邊的店鋪去躲雨。這時，在費城百貨公司裏也進來一位老婦人，她步伐蹣跚地進來避雨。公司裏的一位年輕人看見了，就走過來誠懇地對她說：「夫人，我能為您做點兒什麼嗎？」老婦人微微一笑，說：「不用了，我在這兒躲會兒雨，馬上就走。」然而，老婦人的心裏卻有點兒心神不定了：不買人家的東西，卻借用人家的店堂躲雨，似乎不近情理。於是，她就開始在百貨店裏尋覓起來，哪怕是買個不起眼的小物品呢，也可以給自己躲雨找個心安理得的理由。

正當她猶豫徘徊之際，那個小夥子又走過來，對她說：「夫人，您不必為難，我給您搬了一把椅子，放在門口，您坐著休息就是了。」雨過天晴後，老婦人向那個年輕人道謝，並要了一張他的名片，走出了公司。

數月後，費城百貨公司的總經理詹姆斯收到了一封信，信中要求將這位年輕人派往蘇格蘭去收取整個城堡的訂單，並讓他承包寫信人家族所屬的幾個大公司下一季度辦公用品的採購訂單。

詹姆斯為此興奮不已，因為這封信所帶來的利益，相當於他們公司兩年的利潤總和！

在與寫信人取得聯繫後，他才知道，原來這封信出自一位老婦人之手，這位老婦人就是英國億萬富翁「鋼鐵大王」卡內基的母親，也就是那位避雨的老婦人。

於是，詹姆斯把這位叫菲利的年輕人，推薦到了公司的董事會上。當菲利準備好行裝飛往蘇格蘭時，他已經是這家百貨會司的合夥人了。那年，菲利剛剛廿二歲。

後來，菲利以他一貫的忠實和誠懇，成為「鋼鐵大王」卡內基的左膀右臂。

菲利只是做了一個善意的舉動——爲老婦人搬了一把椅子，就輕而易舉地與「鋼鐵大王」卡內基齊肩並舉，一個小小的善舉改變了菲利一生的命運，讓他從此走上了別人夢寐以求的成功之路。他的成功看似是簡單的、偶然的，但實際上我們更應該知道成功沒有捷徑，是菲利的善良，菲利的一個細節，反映了他整個人的本質，更是因爲這樣注重每一個細節的好習慣，帶他走向了成功。

其實，機會就隱藏在一些充滿善意的細節之中。雖然，即使你做好了這些細節，也並不見得就一定能夠遇到讓你平步青雲、飛黃騰達的機會；但是，如果你忽略了它，你就永遠也不會有這樣成功的機會。

托爾斯泰說過：「人生的價值，不是用時間，而是用深度去衡量的。」在工作中能夠做好小事情、抓住細節，這是所有成功者的共同特點。只有你擁有了注重細節的深度能力，你才能夠活出自身的價值，才能夠活出屬於自己的精彩人生。

對於王陽明來說，在仕途受到排擠而被遣送至偏遠山區貴州龍場，任命爲龍場驛驛丞並不是一件壞事。換作其他人被貶到這個蠻荒之地，定會一蹶不振，抑鬱而死。但王陽明卻在這個地方領悟了他這一生最寶貴的「道」，成就了他的一生。「天下之大，何事不可爲？」不論我們身處何地，只要能靜下心來過好每一天，認真對待每一件事，便能成大器。

注茶半托迦尊者是眾多羅漢中法術最神通，經歷最崎嶇的一位。他生性愚鈍，常因背不下經文而遭到嘲笑，但他卻堅定不移地修持佛法，終成阿羅漢果。釋迦牟尼將他說成是改變他人觀念的比丘中最傑出的一位。

說起注茶半托迦尊者的愚笨，就有一大堆說不完的事兒。在他剛入寺不久，老師便開始教他認字。一次老師教的是「悉達摩」，老師教他念了很多次這三個完整的字，但他始終記不住。於是，老師先教他念「悉達」，再教他念「摩」，可是當他記住了「悉達」就忘記了「摩」，記住了「摩」卻忘記了「悉達」。老師對他無計可施，便跟他的父母說：「我寧願多教幾個其他的婆羅門人家的孩子，也不願花那麼多時間來教像他這樣的學生啊！」

注茶半托迦的父母只好將他送往吠陀教師那裏繼續學習，不幸的是，吠陀教師也發現他實在愚笨，也無心繼續教他，便讓他的父母另請高明。

注茶半托迦的哥哥半托迦，是個很聰明且博學多才的人。一次機緣巧合，他遇到一些佛陀的弟子，大家認為他是可造之才，便讓他出家當上了比丘。而注茶半托迦因為生性愚笨，沒有被允許出家，只好獨自一人住在附近。

一日，哥哥半托迦和其他人結伴到室羅筏悉底城去朝拜釋迦牟尼佛，恰好注茶半托迦也在人群裏。哥哥看到他後，便過來問他：「弟弟，你現在都以什麼為生呢？」注茶半托迦回答：「無以為生，生活異常艱難。」半托迦又問：「你有沒有想過出家為僧呢？這樣既可以學習無邊佛法，又能保障生計。」「哎，像我這般生性愚笨之人，連最簡單偈頌都記不住，又怎麼能進入佛陀僧團呢？」注荼半托迦灰心地回答道。半托迦對弟弟說：「學習佛法不分智慧高低、貧富貴賤，最重要的是遵循佛陀教義，並付諸實踐。如果你真心誠意地想成為僧人，那麼你就能做到。」

在半托迦的幫助下，注荼半托迦來到佛陀面前，佛陀認為他十分謙卑且有一顆純淨的心，便讓弟子阿難為他剃度。終於，注荼半托迦成為一名僧人，他的老師就是為他剃度的阿難。

成為僧人的注荼半托迦開始學習偈頌，阿難老師耐心、細心地教他背誦偈頌，但三個月之後，注荼半托迦還是一句偈頌都沒有記住，這讓阿難老師十分為難。

面對如此愚笨的弟子，佛陀只好親自出馬來教導注荼半托迦。佛陀從最簡單的「掃帚」二字開始教他，並讓他邊學這兩個字便掃地。雖然是非常簡單的兩個字，但注荼半托迦還是記不住，他自己也十分苦惱，變得越來越沒有自信，內心十分慌亂。

這時，佛陀對他說：「你認為掃帚的作用是什麼呢？」注荼半托迦回答道：「掃除塵埃，保持潔淨。」佛陀說：「這就對了，那麼為何不在掃地的同時去除你內心的塵垢呢？所謂煩惱除盡，智慧自然開明。」

終於，在佛陀的指導下，注荼半托迦忘記他天性愚笨的特性，靜下心來掃地，並在掃地的同時認真思考，終於修得阿羅漢果。

《大智度論》云：「一心正念，速得道果。」注荼半托迦的經歷很好地印證了這句哲理。只要除去內心塵垢，仔細端詳人生之事，特別是看似微不足道之事，便能成為智者。

「千里之行，始於足下；合抱之木，生於毫末。」欲行千里，想成大樹，就從腳下開始，從毫末做起。因為只有從小事中慢慢積累經驗，才有強大的能力完成更大的事。我們一定不能忽略小事，存在即合理，擺在眼前的事，哪怕再小，都應該盡力去做，只有這樣，才能在迎來大事時很好地完成。而那些不屑於做小事的人，即便他有波瀾壯闊的理想，也無法親自實現，只能成為幻想而終日沉浸其中。所以，想要成就大事，必須做到腳踏實地，專注於眼前之事，不論它是大是小。

6 學無止境，保持一顆進取心

與其為數頃無源之塘水，不若為數尺有源之井水，生意不窮。
——王陽明《傳習錄》

寧願做只有數尺之高的有源井水，也不要做數頃無源的塘水。王陽明的這句話與朱熹在《觀書有感》中寫道的「問渠那得清如許，爲有源頭活水來」不謀而合。朱熹認爲，生活是寫作的源頭活水，用心觀察才能發現它。我們應該汲取源頭活水，做一個生活的有心人，才能看到別人看不到的奇觀。

王陽明認爲，幾尺有「活水」彙集的井水好過沒有源頭的一潭死水。因爲，一潭死水到最後要麼乾涸，要麼會發霉發臭，兩個都不是好的結果。而幾尺有源頭的井水卻能源源不斷地流淌，才能做到「取之不盡用之不竭」。我們學習也是同樣的道理，學習是一個終生的事業，沒有人能提前畢業或退休，只要你還活在這個世界上，就應該隨時學習，偌大的世界，需要你知道和瞭解的還有很多。這也是成就大事業的原因之一，就像范仲淹那樣，無論是處廟堂之高還是居江湖之遠，他都保持著學習的勢頭，每日學習，從不間斷。

這個道理，在很早以前，孔子在《論語》裏就說過：「學如不及，猶恐失之。」蔡元培先生解釋說，一個真正用心做學問的人，就會像孔子說的那樣，總覺得自己還不夠充實，還有許多進步的空間。就好像去追趕什麼，總怕趕不上，趕上了又怕被甩掉，有這樣的求學精神，就不需要怕有的學問和修養會退失。不管做什麼、學什麼，總有很多知識是你沒有學到的，做學問不要驕傲自滿。人生只有放下自我，才能成爲一個空的容器，繼續容納事物。

曾經有這麼一個故事：

古代曾有一個青年跟著一位名師學習技藝，三年之後，徒弟技能大有長進，他覺得自己的技術已經達到爐火純青的地步，足以自立門戶，就收拾好行囊，準備向師父辭行。

師父得知他的情況之後問道：「你確定你已經學成了，不需要更上一層了嗎？」徒弟指著自己的腦袋回答說：「我這裏已經滿了，再也裝不下了。」「是嗎？」師父說著拿出一隻大碗放在桌上，讓徒弟把這只碗裝滿石頭，一直到石頭在碗中層層堆出一座小山後，他問徒弟：「你覺得這只碗裝滿了嗎？」徒弟馬上回答說：「已經滿了。」師父聽後從屋外抓來了一把沙子，慢慢地放入石頭的隙縫內，再一次問徒弟：「那麼現在呢，滿了嗎？」徒弟考慮了一會兒，恭恭敬敬地回答說：「滿了。」師父聽後又取了案頭上的香灰，倒入那看似再也裝不進去的碗中，看了看徒弟然後輕聲問他：「你覺得它真的滿了嗎？」徒弟再次回答說：「這次真的滿了。」師父聽後拿起了桌上的水壺，慢慢地把茶水倒入碗中，而水竟然一滴也沒有溢出來。

徒弟看到這裏，終於明白了師父的良苦用心，趕緊跪地認錯，誠心誠意地請求師父再次收他為徒。

故事裏的師父想要告訴徒弟：學習，是永無止境的。不間斷地學習能使心靈更加純淨，得到昇華，也能增加自身的魅力。波蘭著名鋼琴家亞瑟·魯兵斯坦，三歲學習鋼琴，四歲登臺演奏。他的天賦沒有讓他感到滿足，因爲他知道學海無涯、藝術無止境的道理，直到他已是九十五歲的暮年老人，也沒有放棄對藝術的追求。

義大利藝術大師達文西說：「微小的知識使人驕傲，豐富的知識則使人謙遜，所以空心的禾穗總是高傲地舉頭向天，而充實的禾穗則低頭向著大地，向著它們的母親。」

學習是光明，無知是黑暗。試想，誰願意長久地面對黑暗不見天日？只有天天做學問，時時不忘知識更新才能走向光明、使人生更亮麗。只有在不斷求知的過程中，我們才會真正得到樂趣。

越是到了高的境界，人越會感到自己的不足，因此，把握你生命的每分每秒，好好彌補這些不足。人外有人，天外有天，巔峰之上，還可以再創巔峰。這一切的前提是——學無止境。

呂蒙是三國時期東吳一位非常著名的將領，孫權曾對呂蒙說：「呂蒙啊，你現在擔任要職，執撐權力，不能不學習。」呂蒙不願學習，於是推辭說軍中事多，沒時間學習。孫權說：「我不是要你研究儒家經典，去做博士，我只是要你去流覽書籍，瞭解過去發生的事情，你說你事情多，沒有時間學習，但你能像我這樣忙嗎？我還經常讀書，並從中得到很多好處。」於是呂蒙下定決心開始讀書。後來魯肅經過潯陽，與呂蒙談話，大吃一驚，說：「你今天的才幹謀略，已非當初吳下阿蒙了！」呂蒙說：「士別三日，就當刮目相待，大哥怎麼對這個道理都不明白呢？」魯肅大受震動，就去拜見呂蒙的母親，與呂蒙結為了好友。

陳壽在《三國志．吳書．呂蒙傳》中，對呂蒙作了如下的評論：「呂蒙勇而有謀，斷識軍計。」呂蒙本來是一介武夫，後來在孫權的勸說下，用功讀書，成爲文武雙全的帥才，也成就了一段學習的佳話。對於學習，很多人往往跟呂蒙最開始的認識一樣，認爲沒有時間，沒有精力，但一切都是藉口，只要下定決心，用心去學，你就會得到意想不到的收穫。

說到讀書，很多人說自己沒時間、無精力讀書，繼續學習。從呂蒙的故事可以知道，這一切都僅僅是藉口而已。時間是自己擠出來的，每天花一點點時間學習，時間長了，便能獲得很大的收穫。所以，從現在開始，爲自己留一點時間來學習吧，你將會得到驚喜！

「如果你因錯過了太陽而流淚，那麼你也將錯過群星。」這是印度著名詩人泰戈爾的名詩，他想要告訴人們，生命中的每一分、每一秒都是值得珍惜和留意的，我們應該讓自己的腳步實實在在地落在每一個點上，才能欣賞到最完整的、美麗的畫卷。

7 心性專一，有始有終

我輩致知，只是各隨分限所及。今日良知見在如此，只隨今日所知擴充到底；明日良知又有開悟，便從明日所知擴充到底。如此方是精一功夫。

——王陽明《傳習錄》

以前人們常用泥燒製而成砂鍋，來熬製中藥或在冬季煨湯，這種鍋使用起來很方便，但是也非常容易被打碎，而且一碎就會一裂到底。後來世人常常用「打破砂鍋問到底」來形容執著的求證精神和做事的專注精神。

王陽明在龍場悟道後，其心學有了發展的基礎和方向。歷史上對於「龍場悟道」的描寫都有些神秘色彩，但無論多麼神秘，有一點可以肯定的就是，王陽明在悟道之前無時無刻不在努力思考著心中的問題。他認為，每天都要把今天所得的知識擴充到底、研究到底，這樣才能做成學問，才是「精一功夫」。

其實，做任何事都要有一種執著的精神、一股「打破砂鍋問到底」的勁頭。專注不僅使人走向成功，也更容易感受生活的快樂。當我們用心去做一件事時，就會產生更大的能量。

宋初，宋太宗命李昉等編了一部書，全書共一千卷，共搜集和摘錄了一千六百多種古籍的重要內容，分類歸成五十五門，是一部頗有參考價值的參考書。這部書是在宋太宗的太平興國年間完成的，因此原定書名為《太平編類》。

據《澠水燕談》《春明退朝錄》和《宋實錄》等載：宋太宗對這部書很感興趣，書編成以後，曾親自看了一遍。他規定自己每天至少要看二三卷，一年之內，就全部看完了，所以這部書後來叫作《太平御覽》。

當時有人認為，皇帝在處理國家大事之外，每天還要閱覽這部大書，未免辛苦，便勸他少看一些，也不一定每天都要看，應注意休息。宋太宗說：「朕性喜讀書，頗得其趣，開卷有益，豈徒然也。」

宋太宗作爲一國之君，事務繁忙，卻仍然能夠抽出時間來鑽研學問。是因爲他把讀書當作一種樂趣，專注於其中時，不覺疲倦，反而深感愉悅。古人說，人可一日不食肉，不可一日不讀書。學問要靠累積，所以，人要抓住一切機會讀書。只有這樣，才能做到滴水穿石，積累起高深的學問。

生活中，專注不是一種枯燥的實踐。許多成功人士，在對事業的追求中做事專注，像小朋友搭積木，拆了做、做了拆，樂在其中；辛勞慣了的農民，讓他閑上三五天，他便心裏發慌，不如在田裏勞作開心；作家爬格子苦不堪言，但如果一天不看書，不動筆，便會覺得魂不守舍，大抵各行專注其事的人都是如此。王陽明也是這樣，晚年的他身體虛弱，就是因爲在年輕時候落下的病根。專注於學習的他，白天除了準備科舉考試之外，晚上還挑燈夜讀，常常整夜整夜不睡覺。

「衣帶漸寬終不悔，爲伊消得人憔悴。」在愛情故事裏，這是淒美、純粹的戀愛境界。而如果這裏面的「她」換成事業，那麼爲它受苦的境界不也正是人生一大樂事嗎？

做一行愛一行，樂在其中便是專注。因爲樂於所做之事，專注便順理成章。曹操之於權謀，李白之於詩酒，還有法國拿破崙之於戰爭與冒險，畢卡索之於繪畫。他們專注其中，既取得了非凡成就，也得到了娛樂。若無自娛的樂趣或讓他們放棄自己的樂趣，他們便不會有最後的成就。

作家冰心曾說：「成功的花，人們只驚慕它現實的明豔，然而當初它的芽兒，浸透了奮鬥的淚泉，灑遍了犧牲的血雨。」的確，成功的路是漫長、辛苦的，但是專注於成功的人，也正像是專注於戀愛的人一樣，縱使瘦了、累了、憔悴了也不會後悔，縱使千帆過盡皆不是，也不會懊惱，因爲沒有專注於「她」的境界，也就不會成就純美的愛情，沒有專注於事業追求成功的辛勞，也就不會有樂享專注，盡在其中的陶醉與樂趣。

中篇

陰天　跟佛陀學放得下

第四章 涉世之初——「看山是山，看水是水」

人之最初，比如年少之時，心思是簡單的，看到什麼就是什麼，別人說什麼就相信什麼。這樣看待世界當然是簡單而粗糙的，所看到的往往只是表面。但同時，正是因為簡單而不放在心上，於是不受其困擾，這就是放下的心境。只是還太脆弱，容易被現實擊碎。

1 真誠心是菩提心的體

假如我們期待他人先開始，就不是修行。不要去執著條規和外相。如果你最多以百分之十的時間來看他人，而以百分之九十的時間來看自己，你的修行還算可以。

——淨空法師

生活中，我們給人以微笑，別人就會還我們以微笑，給人以真心必然能夠換來真心。孟子

云：「愛人者人恒愛之，敬人者人恒敬之。」俗話也有言：「投之以桃，報之以李」「你敬我一尺，我敬你一丈。」微笑只是我們表達自己真心的表現，讓別人感覺到我們是在表達自己的真心，而不是每天冷冰冰著臉，對誰都毫不理睬。

有的人對用真心待人抱懷疑或否定態度，理由是：我真心待人，人若不真心待我，那我豈不是很傻、很吃虧嗎？不能否認生活中有這樣的人，比較虛僞。但當我們的善良和真誠被心懷叵測的人愚弄之後，吃虧更多、損失更大的並不是我們自己，而是對方。傷人的人在承受你憤恨的同時，還要承受他人的蔑視以及被群體排斥的孤獨。

很多人都覺得，積極主動地付出友善真誠僅僅是講如何對待別人，其實準確地說，友善真誠地待人更重要的是指如何善待自己。我們待人以善意，別人以善意相報，我們待人以真誠，別人以真情回饋。這也就是我們經常所說的，「將心比心」「以心換心」。

淨空法師曾說：「真誠心是菩提心的體。我們要用真心、要用誠意處事、待人接物，不要怕別人欺騙我。別人用虛情假意對我，我用真誠心對他，不要怕人騙我，不要怕吃虧，不要怕上當，什麼都不怕，就是用真心待人，真誠心待人。」

有一次，阿修羅王生病了，變得面容憔悴、精神萎靡，釋提桓因知道後即前往探視。阿修羅王便對釋提桓因說：「希望你能讓我的病趕快好起來，身體恢復到和過去一樣健康。」釋提桓因卻說：「如果你能教我阿修羅幻術，我就讓你像從前一樣健康、快樂。」阿修羅王想了想回答說：「等我問過其他阿修羅後，如果可行，我一定教你。」

阿修羅王回去後，即問其他阿修羅的意見。當時有一位專門以諂媚虛偽的幻術聞名世人的阿修羅，告訴阿修羅王：「釋提桓因從過去的久遠而來，他行為端正、內心正直，常修善法，從不虛偽諂媚他人。您可以跟他說：『如果修了阿修羅諂媚虛偽的幻術，則會墮入地獄中』，釋提桓因必定會放棄學習幻術的想法，並祝願大王您早日康復的。」

阿修羅王聽了之後，即約釋提桓因前來，並依此阿修羅建議，以偈語告之：「身心清淨帝釋天，若知幻術墮泥犁，於那盧樓地獄中，直待一劫被燒煮。」

當時釋提桓因一聽偈語即說：「請阿修羅王不要再說了，我已不想學此幻術，並且真心祝願阿修羅王您的病能很快復原，身心安穩無憂。」

這件事情讓佛陀知道了，佛陀告訴比丘們：「釋提桓因雖處天道，尚且能做到不虛偽諂媚，常以真實無妄之心待人處事，你們皆已剃除鬚髮，出家修行，難道還做不到遠離虛偽諂媚？若能以真誠無妄之心待人接物，則能與佛法相應。」

人與人之間需要更多的真誠，而不是自以爲是的小聰明。《圍爐夜話》裏說，「世風之狡詐多端，到底忠厚人顛撲不破，末俗以繁華相尙，終覺冷淡處趣味彌長。」意思是說儘管社會上盛行爾虞我詐的風氣，但說到底還是忠厚老實人能永遠立於不敗之地。腐朽的社會習俗爭相以奢靡浮華爲時尙，但畢竟還是在清淨平淡之中體會到的淡泊趣味更爲持久綿長。

有一天，狐狸要請仙鶴吃飯。可是，飯桌上既沒有肉，也沒有魚，只有一個平底的小盤子，裏面盛了一些清湯。仙鶴的嘴巴又長又尖，小盤子裏的湯吃不到。可是狐狸的呢，嘴巴又大又闊，一張開嘴巴就把小盤子裏的湯喝光了，還不停地發出「咂咂」的聲音。

狐狸對仙鶴說：「仙鶴，你吃飽了嗎？味道不錯吧？」聰明的仙鶴，看出狐狸是故意在騙自己，明知道自己不適合這樣吃飯，卻如此招待，於是，牠一句話也沒說就走了。

過了幾天，仙鶴也請狐狸吃飯。狐狸還沒有走到仙鶴家，就聞到一股香味，饞得口水直往下流。狐狸趕快走進屋子，看見一個長脖子的瓶子裏，裝了許多好吃的東西，都是狐狸最愛吃的。

仙鶴指著長脖子瓶子對狐狸說：「今天請你嘗嘗我燒的好菜，請吃吧。」仙鶴又拿來一隻長脖子瓶子，自己吃了起來。

狐狸急忙伸長脖子，把嘴伸到瓶口，可是瓶子的口很小，他伸啊伸，又闊又大的嘴巴卻怎麼也伸不進去。

仙鶴吃完了自己的一份，抬頭見狐狸這副模樣，心裏很高興，就問狐狸：「咦，你怎麼不吃？還客氣什麼？」

狐狸想起自己請仙鶴吃飯的事，很慚愧，臉漲得通紅。

仙鶴看出了狐狸的慚愧，於是把準備好的用碗盛的肉，端給狐狸，並說：「你看我夠不夠朋友？你知道我的嘴巴長無法用盤子吃飯，上次你請我吃飯，居然還用計，這次我也用計，你是不是很不好受啊？為何不以誠待人呢？」

狐狸記住了仙鶴的話，並在仙鶴家飽飽地吃了一餐，很感激仙鶴。從此以後，牠們成為了好朋友，狐狸再也不騙仙鶴了。

待人以心換心，就是要我們真誠待人、用真心待人，對每個人都一視同仁，不虛僞，這樣才能夠「換得」別人的心。試想一下，這個社會若是每個人都待人以真心，哪裏還有欺騙，哪裏還有僞善呢？那樣一定會是一個非常和諧美好的社會，只待我們去努力實現。

2 請不要吝惜你的讚美

良言一句三冬暖。一句真誠的讚美或好話，好像陽光使人全身溫暖。

——魯恩大師

我們身邊的每個人，當然也包括我們自己，都希望得到周圍人的讚美，希望自己的價值得到肯定。雖然我們共處於一個極小的天地裏，但卻仍認為自己是小天地中的重要人物。對於肉麻的奉承，我們會感到噁心，然而又渴望得到對方由衷的讚美。其實我們每個人期望得到別人讚美的心理都是一樣的，學會了讚美，有時可以絕處逢生。

十九世紀初，一個窮困潦倒的英國青年一篇又一篇地向外投寄稿件，卻一篇又一篇地被編輯退回。正當快要絕望時，他意外地收到一位編輯的來信，信很短：「親愛的，你的文章是我們多年來夢寐以求的作品，年輕人，堅持寫下去，相信你一定會成功的！」正是這幾句讚美的話，給了絕望的青年以勇氣、力量和信心。他堅持寫下去。幾年之後，這位年輕人成為一代文學巨匠，他就是狄更斯。

也許，那位編輯壓根兒就沒有想到，就是他那封三言兩語的信，竟會讓一個人絕處逢生。

還有一位作家達爾科夫，他在孩提時代極為膽怯、害羞，幾乎沒有什麼朋友，對什麼事都缺乏自信。一天，他的老師要學生替一篇小說寫續文。現在他已無法回憶他寫的那篇續文有什麼獨到之處，或者老師給的評分究竟是多少，但他至今仍清楚地記得，而且永生不忘的是老師在他的作文頁邊空白處寫了四個字：「寫得不錯。」這四個字，竟改變了他的人生。在中學課餘的時間裏，他寫了許多短篇小說，經常將它們帶給這位老師評閱。在她不斷給予的鼓勵下，達爾科夫成為了中學報紙的編輯，最終成為了一名作家。

「一句讚美的話能當我十天的糧。」馬克．吐溫的這句話形象地說明了讚美的作用和力量。人類天性渴望認同，每個人天生都渴望得到他人的讚賞；同樣的，也都懼怕責難。美國第十六任總統林肯說：「人人都需要讚美，你我都不例外。」心理學家威廉．詹姆斯說：「人性中最本質的願望就是希望得到讚賞。」

讚美對影響他人有一種神奇的力量。行爲專家認爲，讚揚是使一些行爲發生聯繫的東西，它能促使某種行爲重新出現。當大腦接受到讚揚的刺激，大腦皮層形成的興奮狀態調動起各種系統的積極性，潛在的力量促使行爲發生改變。

在生活中，有很多時候，一個微笑、一句讚美、一語鼓勵，再簡單不過，給人的感受卻溫暖如三月的陽光。所以，請不要吝惜你的陽光，請不要吝惜你的鼓勵。

但是怎樣才能做到會讚美呢？

真誠是前提 讚美應該是以真誠爲前提的，虛僞和做作是蒼白無力的，讚美必須是真心實意的。虛假的讚美不僅達不到想要的結果，往往會讓人認爲是諷刺挖苦或者是溜鬚拍馬，讓人感到噁心、讓人鄙視。俗話說：「心誠則靈。」真誠地讚美來自內心深處，是心靈的感應，是對被讚美者的羨慕和欽佩，能使對方受到感染、發出共鳴。

具體是真諦 讚美應該是針對某個人或者是某件事而言的，空洞的讚美只會讓人覺得很虛僞。過於籠統、過於空泛、過於抽象、缺乏具體內容的讚美讓人感到不舒服。例如，第一次見到某人，就對別人大加讚美：「你真是個無比聰明的、了不起的人物啊。」這樣的話，會讓別人對你的第一印象大打折扣。如果在讚美前加上一些定語，把要讚美的話語具體化，效果就會大有不同。「聽說你的文采不錯，思路開闊、文筆犀利、切中要害，你真是個才子呀！」

準確是靈魂 真誠的讚美會讓人感覺到自己的價值，準確的讚美是讚美時的靈魂。讚美時不要張冠李戴，更不能鬧出笑話。一個媽媽讚美別人的兒子英語學習比自己的兒子好：「你看人家某某，比我們家老二強多了，不用說廿六個字母，就連四十八個音標都背得滾瓜爛熟。」這樣的讚美真是讓人哭笑不得。

及時是雨露　人人都需要被讚美，這是人性使然。當下屬工作有突出表現時，上司要及時地給予讚美；當孩子考試成績有進步時，要及時地給予讚美。當朋友有了某方面的成就時，要及時給予讚美。這樣，你的人際關係就會越來越好。

3 把美的形象與美的德行結合起來

> 內在美如果不能衝破心靈的藩籬，對外開放，在外在上有鮮活的表現，形成外在美，它就只有孤芳自賞了。
>
> ——淨空法師

美好的心靈來自善良的內心，它讓人們肅然起敬，它不光愉悅了自己，還能給別人帶來歡樂。心靈美是一種素質。這種素質，可以從他對人生、對社會、對他人以及對自己的思想感情和態度中得到體現。往往能從這個人的一言一行中得到充分體現！讓旁人看得清清楚楚。外在

美往往迷惑的是人的眼睛，而內在美卻可以深深打動人的內心。

內在美是善良、是愛心，是一腔能包容天地的博大胸懷；內在美也是豁達樂觀和朝氣；內在美還是勤勞、勇敢和堅韌不拔；內在美更是知識才學和追求。每個人對內在美都會有不同的解釋。

中國古代的四大美女中，貂蟬有閉月之容，楊貴妃有羞花之貌，西施有沉魚之顏，然而最美的當屬王昭君，因為她不僅擁有落雁之美，還兼有一顆悲憫之心。

傳說王昭君在去匈奴和親的途中，因太思念家鄉便唱起歌來，天上的大雁聽見了如此美妙的歌聲，便都低頭看去，見到是一位貌美如花的女子，大雁竟忘記揮動翅膀，便掉落在地，這就是所謂的落雁之美！

王昭君的美麗不僅僅是外在的，出塞後，給匈奴人民帶去了糧食種子與文字，並教他們如何耕種，如何使用農具，如何看書寫字。因此，美麗的昭君在匈奴百姓的眼裏簡直就像仙女下凡，她的善良和委婉得到了更多匈奴百姓的愛戴。

王昭君用她的美感化了兩個民族的戰爭，她給人民帶來了和平安寧的生活，她用一生的努力，使兩個民族和好了六十多年。可以說，王昭君改變了整個匈奴。就如龐天舒的一句話所說：「這世間，只有女人的胸襟，可以融化戰爭的刀林箭叢與錚錚鐵蹄。」那種寬廣的胸襟，更是一種無言的美。

美如果只存在於人的心靈世界，沒有廣泛和迅速地感染到人，形成影響，是稱不上魅力的。美不是靜止的存在，它存在於人和人的溝通交往中。內在美如果不能衝破心靈的藩籬，對外開放，有鮮活的表現，形成外在美，它就只有孤芳自賞了。

如果將美比喻成一棵樹，那麼內在美便是樹根，外在美便是樹葉、樹枝。樹不可無根，也不可無葉無枝，內在美和外在美便因這種關係而相互依從。真正的美是兼具二者的美。

東西也好，人也罷，徒具其表，金玉其外，敗絮其中，這樣的美轉瞬即逝；而如果只有內在美，則很難在第一時間被人所發現，而需要較長的時間讓人慢慢去品味，有時候往往在別人發現之前，就被埋沒了。

哲學家培根曾經說過這樣一句話：「把美的形象與美的德行結合起來吧！只有這樣，美才會放射出真正的光輝。」

4 不完滿才是人生

殃咎之來，未有不始於快心者，故君子得意而憂，逢喜而懼。

——弘一法師

佛祖有言：人生，須得悅納一切苦與樂。活在世間的眾生，總是感慨苦多於樂，要離苦才能得樂，其實，苦樂本就是一體的。人生苦樂參半，痛苦與快樂常常相伴相生。有人說人生痛苦多於快樂，但也有人認爲痛苦的後面一定是快樂。苦與樂就像天空的晝夜，沒了白晝的光明就無所謂夜的黑暗，沒了夜的寧靜就沒有了晝的熱鬧，我們生活在憂傷與快樂中，痛並快樂著。

季羨林老先生曾說過「每個人都爭取一個完滿的人生。然而，從古至今，海內海外，一個百分之百完滿的人生是沒有的。所以我說，不完滿才是人生。」

有一位禪師每日與眾人宣講佛法，都離不開：「快樂呀，快樂！人生好快樂！」可是有一次他得病了，在生病中不時喊叫著：「痛苦呀，好痛苦呀！」

另外一位禪師聽到了，就來責備他：「你一個出家人，生病了，老是喊苦，多難看呀！」

生病的禪師說：「健康快樂，生病痛苦，這是順其自然的事，為什麼不能叫苦呢？」

另一位禪師說：「記得當初你有一次，掉進水裏，快要淹死了，你還是面不改色，那種豪情如今何在？你平時都講快樂，為什麼到生病的時候，要說痛苦呢？」

禪師抬起頭來輕輕地問道：「你剛才說我以前講快樂，現在都是說痛苦，請你告訴我，究竟是說快樂對呢？還是說痛苦對呢？」

這則故事告訴我們，完滿與不完滿是一個相對的概念，當我們能夠把生活中那些不如意的事情看成人生的重要組成部分的時候，那麼人生就是完滿的；而當我們把它看成一種缺憾的時候，人生就是不完滿。

弘一法師說：「世間本來就是不完滿的，過去不是、現在不是、將來也不是，現實就是以缺陷的形式呈獻給我們的。每個人都有自己的缺憾。只有帶著缺憾的人生，才是真正的人生。我們總是抱怨自己的生活中有很多不如意的事情、充滿了苦難，卻沒有意識到這是我們人生必要的組成部分。」

一位即將圓寂的老和尚想從兩個徒弟中選一個作為衣缽傳人。有一天，老和尚

把徒弟們叫到他的面前，對他們說：「你們出去給我揀一片最完美的樹葉。」兩個徒弟遵命而去。

不久，大徒弟回來了，遞給師父一片並不漂亮的樹葉，對師父說：「這片樹葉雖然並不完美，但它是我看到最完美的樹葉。」

二徒弟在外面轉了半天，最終卻空手而歸，他對師父說：「我看到了很多很多的樹葉，但是怎麼也挑不出一片最完美的……」最後，老和尚把衣缽傳給了大徒弟。

有這樣兩個少年：他們一個喜歡彈琴，想成為一名音樂家；另一個愛好繪畫，想成為一名美術家。然而，一場災難讓想當音樂家的少年，再也無法聽見任何聲音；那位想當美術家的少年，再也無法看到這個五彩繽紛的世界。

兩個少年非常傷心，痛哭流涕，埋怨命運的不公。這時，一位老人知道了他們的遭遇和怨恨，就對耳聾的少年用手語比劃著說：「你的耳朵雖然壞了，但眼睛還是明亮的，為什麼不改學繪畫呢！」然後，他又對眼瞎的少年說：「你的眼睛儘管壞了，但耳朵還是靈敏的，為什麼不改學彈琴呢？」兩個少年聽了，心裏一亮。他們從此不再埋怨命運的不公，開始了新的追求。

改學繪畫的少年發現耳聾了可以使自己避免一切喧囂的干擾，使精力高度專注；改學彈琴的少年慢慢地發現失明反而能夠免除許多無謂的煩惱，使心思無比集中。

後來，耳聾的少年成了著名的畫家，名揚四海；眼瞎的少年終於成為音樂家，享譽天下。他們相約去拜見並感謝那位老人。

老人笑著說：「不用謝我，該感謝你們自己，因為你們自己看得開才能夠獲得今天的成就啊。」

人生的缺憾往往也能成就「完滿」的人生。偶爾的失意和失去雖然是一種缺憾，但它卻讓我們的生活變得像波濤洶湧的大海，多姿多彩。若是人生真的能夠事事如意，那我們的人生就是一潭死水，毫無亮點。人生的完滿與不完滿始終是相對的，完滿到了極致就是不完滿，不完滿往往意味著完滿。

5 留三分餘地與人，留些肚量與己

常寬容於物，不削於人，可謂至極。對事物時常寬恕容忍，不與別人計較，可謂到極致了。

——福田大師

俗話說「做人留一線，日後好相見」，生活中留三分餘地給別人，其實就是留三分餘地給

自己。而在我們奪走了對方的三分餘地之時，也就把自己逼到了沒有退路的懸崖邊上。

所謂做人三分法——說話留三分，做事留三分。我們平時要多看到他人的長處，評論人時須講「口德」。當他人因做錯事而受到批評指責時，要掌握「責人不必苛盡，留三分餘地於人，留些肚量於己」，在爭利益的同時也不要把對方逼得「無路可走」，這樣才能夠讓大家都得到好處，而不至於撕破臉皮，得不償失。

讓三分，留餘地，表面上包含兩方面的意思，一是給自己留餘地，有進有退，進退自如，以便日後更能機動靈活地處理事務，解決複雜多變的問題。二是給別人留餘地，無論在什麼情況下，也不要把別人推向絕路，萬不可逼人於死地，那樣會迫使對方做出極端的反抗，如此一來，事情的結果對彼此都沒有好處。

當你遇到美味可口的佳餚時，要留出三分讓給別人吃，這樣才是一種美德。路留一步，味留三分，是提倡一種謹慎的利世濟人的方式。在生活中，除了原則問題須堅持外，對小事互相謙讓會使個人的身心保持愉快。

清代康熙年間，人稱「張宰相」的張英與一個姓葉的侍郎，兩家毗鄰而居。葉家重建府第，將兩家公共的弄牆拆去並侵佔三尺，張家自然不服，引起爭端。張家立即發急信給京城的張英，要求他出面干預，張英卻作詩一首：「千里家書只為牆，再讓三尺又何妨？萬里長城今猶在，不見當年秦始皇。」張老夫人看見詩即命退後三尺築牆，而葉家深表敬意，也退後三尺。這樣兩家之間即由從前三尺巷形成了六尺巷，被百姓傳為佳話。

凡事讓步表面上看來是吃虧，但事實上由此獲得的收益要比你失去的還要多。這正是一種成熟的、以退爲進的明智做法。

事物的發展都是相對的，謙讓很多時候都是發生在競爭的情形之中，由於謙和禮讓的出現而使矛盾完全化解，更免去了一場不必要的爭鬥，對手變手足，仇人變兄弟。因此，讓人是避免鬥爭的極好方法，自身也具有一定價值。

得理不讓人，讓對方走投無路，有可能激起對方「求生」的意志。而既然是「求生」，就有可能是「不擇手段」，這對你自己將造成傷害，好比老鼠關在房間內，不讓其逃出，老鼠爲了求生，會咬壞你家中的器物一樣。放牠一條生路，牠「逃命」要緊，便不會對你的利益造成破壞。對方「無理」，明知理虧，你在「理」字已明之下，放他一條生路，他會心存感激，來日自當圖報。就算不會如此，也不太可能再度與你爲敵。這就是人性。

當你一味爭搶的時候，不僅傷害了對方，也有可能連帶傷了他的家人，甚至毀了對方一生的幸福，這未免有失做人的德行。得理讓人，不僅是一種積蓄，更是一種財富。

世界很大也很小，要知道地球是圓的，山不轉水轉，後會有期的事情常有發生。你今天得理不讓人，哪知他日你們二人又會狹路相逢。若那時他處於優勢，而你處於劣勢，你就有可能

吃虧！「得理讓人」，這也是爲自己以後做人留條後路啊！正所謂「人情翻覆似波瀾」。

今日的朋友，也許將成爲明日的仇敵；而今天的對手，也可能成爲明天的朋友。世事一如崎嶇道路，困難重重，因此走不過的地方不妨退一步，「忍一時風平浪靜，退一步海闊天空」。讓對方先過，哪怕是寬闊的道路也要留給別人足夠的空間。你會發現，既是爲他人著想，又能爲自己留條後路。

「若想在困難時得到援助，就應在平時寬以待人。」包容接納、團結更多的人，在順利的時候共同奮鬥，在困難的時候患難與共，進而爲自己增加成功的能量，創造更多的成功機會。反之，則會使大家疏遠你，在成功的道路上，人爲地增加阻力。

人們往往把大海比作寬廣的胸懷，因爲大海能廣納百川，也不拒暴雨和巨浪；也有人把忍耐性比作彈簧，彈簧具有能伸能屈的韌性。人們在一個單位或集體中工作學習，難免會產生一些意見或矛盾。如果經常爲一些雞毛蒜皮的小事爭得面紅耳赤，誰都不肯甘拜下風，以致大打出手，事後靜下心來想想，是否值得呢？其實當時若能忍讓三分，自會風平浪靜，大事化小、小事化了。事實上，越是有理的人，如果表現得越謙讓，越能顯示出他胸襟坦蕩，富有修養，反而更能得到他人的欽佩。

漢朝時有一個叫劉寬的人，為人寬厚仁慈。他在南陽當太守時，小吏、老百姓做了錯事，為了以示懲戒，他只是讓差役用蒲草鞭責打，使之不再重犯，此舉深得民心。劉寬的夫人為了試探他是否像人們所說的那樣仁厚，便讓婢女在他和屬下集體辦公的時候捧出肉湯，故作不小心把肉湯灑在他的官服上。要是一般的人，必定會把婢女毒打一頓，至少也要怒斥一番。但是劉寬不僅沒發脾氣，反而問婢女：「肉羹有沒有燙著你的手？」由此足見劉寬為人寬容之肚量確實超乎一般人。

這就是有理讓三分的做法，劉寬的肚量可謂不小。他既感化了人心，也贏得了人心。人人都有自尊心和好勝心，在生活中，對一些非原則性的問題，我們應該主動顯示出自己比他人更有容人之雅量。

俗話說，人非聖賢，孰能無過。每個人都難免會偶有過失，因此每個人都有需要別人原諒的時候。

大部分人一旦陷身於爭鬥的漩渦，便不由自主地焦躁起來，有時爲了利益，甚至是爲了面子，也要強詞奪理，一爭高下。一旦自己得了「理」，便絕不饒人，非逼得對方鳴金收兵或自認倒楣不可。然而這次「得理不饒人」雖然是吹著勝利的號角，但也成了下次爭鬥的前奏。因爲這對「戰敗」的一方也是一種面子和利益之爭，他當然要伺機「討」還。

在這種時候，我們爲什麼就不能像劉寬那樣，即使自己有理，也應讓別人三分。其實，有些時候給他人讓出了臺階，也是爲自己攢下了人情，留下一條後路。

寬以待人，要有主動「讓道」精神，寬容讓人。在與他人交往中，常常會因爲個性、脾

氣、愛好、要求的不統一，價值觀念的差異產生矛盾或衝突，此時我們應記住一位哲人的話：「航行中有一條公認的規則，操縱靈敏的船應該給不太靈敏的船讓道。我認爲，這在人與人的關係中也是應遵循的一條規律。」因此，做一個能理解、容納他人優點和缺點的人，才會受到他人的歡迎。相反，那些只知道對人吹毛求疵，沒完沒了地批評、說教的人，怎麼能擁有親密的朋友呢？人們對他只有敬而遠之！

6 贈人玫瑰，手有餘香

魔的標誌就是「我對」，世間不少的錯誤和罪惡就是在「我對」的情況下，不知不覺中犯下的。

——延參法師

弘一法師說：「臨事須爲別人想，論人先將自己想。」我們遇到事情時，不能只考慮自己的利益，不考慮別人的利益，從而做出損人利己的事情。爲人處事要「有所爲，有所不爲。」一件事情到底該不該做，我們不能以是否對自己有利爲標準來判斷，也應該考慮到他人的利益。

有一個盲人走路的時候總是提著一盞燈，人們很不解，就問他：「你什麼也看不見，為什麼還要提著一盞燈呢？」盲人笑笑說：「我雖然看不見，但是別人看得見啊！我為別人照亮了路，也可以減少別人撞到我的機會啊。」

與人方便，與己方便。人不能只爲自己著想，爲別人點亮一盞燈，同樣也會照亮自己的路。我們每個人都可以在爲自己照明的同時也讓其他人看見光明，儘管表面上看來我們並不需要這麼做。爲他人照亮道路並不是一件容易的事。許多時候我們不但沒有爲他人帶來光明，反而用自私、無情、仇恨和怨恨使別人的路變得更加黑暗。如果所有的人都能爲他人帶來光明，那該多好！如果所有的人都點亮一盞燈，那麼整個世界將充滿光明！

生活在這個世上，我們要學會爲他人點一盞燈。然而，當人們不再那麼需要彼此的時候，就開始變得自私自利，只想著爲自己做事。這就在人與人之間造成了深深的裂痕。人們在遵循叢林法則，互相拚鬥，鬧個至死方休的時候，卻沒有意識到，這會讓人類走向滅亡。只有學會爲他人點一盞燈，做事多爲他人考慮，人與人之間才能重新建立相互信賴、互相扶持的關係，只有這樣，人們才能創造更多的財富，才能各取所需。若是我們每個人都想著索取，而不願意付出，其結果就是誰也無法得到。

有一天，驢子隨主人外出，結伴同行的是主人的狗。驢子外表神態莊重，但頭腦卻是空空一片，不想事情。半路上，主人因休息睡著了，驢子就趁機大嚼大啃青草，這塊草地的草特別合牠的胃口，驢子吃得還算滿意。

這時狗見驢子大嚼青草，感到腹中饑餓，就對驢說：「親愛的夥伴，請你趴下身子來，我想吃麵包籃裏的食品。」但狗沒有得到回答，驢子只顧埋頭吃草。

驢子裝聾作啞好一陣子，總算開口回了話：「朋友，我還是勸你等等看，待主人睡醒後會給你一份應得的飯，他不會睡得太久的。」

就在這時，一隻餓極了的狼從村莊裏跑了出來，驢子馬上叫狗來驅趕，這時候狗可是不願動，還回敬道：「朋友，我勸你還是快跑吧，等主人醒了再回來。他不會讓你等多久的，趕快跑吧！假如狼追上了你，你就用主人新給你裝上的蹄子狠勁地踢，踢碎牠的下巴頦……」

就在狗說這些風涼話的時候，狼已經把驢子咬死，再也活不過來了。

許多人活一輩子都不會想到，自己在幫助別人時，其實就等於幫助自己。因爲一個人在幫助別人時，無形之中就已經投資了感情。別人對於你的幫助會永遠記在心。

秋天到了，山裏的每一棵果樹都結滿了果實。一隻小刺蝟在山裏漫步，牠走了很長時間，於是在一棵蘋果樹下休息。望著蘋果樹上又紅又大的蘋果，小刺蝟垂涎三尺，但是牠卻摘不到，只能吃那些掉在樹下的壞蘋果。小刺蝟心裏很不是滋味，牠真的想嘗嘗新鮮的蘋果是什麼滋味。

這個時候，一隻山羊走了過來，牠看見小刺蝟在怔怔地發呆，於是就問：「你在這幹什麼呢？」刺蝟說：「我在想怎麼能夠搆到樹上新鮮的蘋果。」山羊聽了牠的話之後想：「我也非常想吃蘋果，但是如果我用角把蘋果頂下來，還是會掉在地上摔壞的，該怎麼辦呢？」牠們兩個望著蘋果樹一起發起了呆。

過了一會兒，小刺蝟突然說：「我有辦法了，你用你的角把蘋果頂下來，我在下面接著不就行了。」山羊一聽這是一個好辦法。於是牠們就動起手來。結果它們兩個都嘗到了新鮮水果的滋味。

人的美德莫過於在自己通過一扇門之後，主動將門打開，讓其他人也進來。如果我們存有私心，將大門關閉，將其他所有的人都擋在門外，那麼我們就會發現門內的路崎嶇難行，沒有別人的幫助，自己根本就無法行進。而當我們想要轉身退出的時候，卻會發現，大門已經被擋在外面的人鎖上。人與人之間只有相互幫助，人生道路才能走得更順暢。

7 樂道人善，欣賞別人的長處

喜聞人過，不若喜聞己過；樂道己善，何如樂道人善。

——弘一法師

世界上沒有完美的事物，也沒有完美的人，每個人都有長處和短處。如果只盯著別人的短處看，就會越看越一無是處。而學會欣賞別人的長處，包容別人的短處，就離成功不遠了。

有一隻羊和一隻駱駝是好朋友，牠們一個高，一個矮。

有一天牠們一起去公園裏玩，說著說著就談起高好還是矮好的問題。

駱駝說：「當然是高好，你看，再高的樹葉我也能搆得著。」說完，牠一抬頭就吃了一口樹葉，羊伸長脖子卻怎麼也搆不到一片樹葉。

羊不服氣，走到公園的一個柵欄門口，羊一拱身子就進去了，一邊吃裏面的青草一邊說：「還是矮好吧，你看，這裏的草多嫩啊。」駱駝趴下身子，使勁往裏鑽，也沒能吃到裏面的青草。牠們互相不服氣，後來一起找到了老牛評理。

老牛說：「高有高的好處，矮有矮的好處，我們不能只看到自己的長處，看不到別人的優點。」羊和駱駝這才明白，尺有所短，寸有所長，發現別人的長處、優點，才能取長補短，做好事情。

一個善於欣賞別人長處的人，會不知不覺地成爲一個胸懷寬廣的人、一個好學上進的人、一個熱忱友善的人、一個受人歡迎擁有許多朋友的人。要多欣賞別人的長處，少指責別人的不足，要學會用別人的長處來彌補自己的短處。

要真誠地去觀察身邊每個人的長處，和大家在一起的時候，觀察到這些長處後要去欣賞對方。從社會心理學的原則上來說，你喜歡、欣賞的人，他也會反過來欣賞你、接受你，但前提是你用真誠的眼光去觀察別人。只有學會欣賞別人的長處，才能與別人友好相處。

有人曾問美國著名的鋼鐵大王卡內基，如何與那些有缺點的人相處。卡內基的回答很簡單，只需盯住他們的優點，並努力忘卻他們的缺點。

有人不理解，卡內基又形象地說：「與人相處，就像是挖金子。如果你想要挖出一盎司的金子，就要挖出成噸的沙子。可是你在挖掘的時候，你關注的焦點是什麼？你只是想得到一盎司的金子，並不想要那成噸成噸的沙子，但你不能嫌棄這些沙子，因爲金子就藏在其中。同樣道理，與人相處，是爲了從別人那裏學到一些東西，如果你想要在人和事身上尋找缺點和錯誤，你會極其容易地找到許多，喜歡挑剔的人，即使在天堂裏也能隨時找到毛病。你必須清

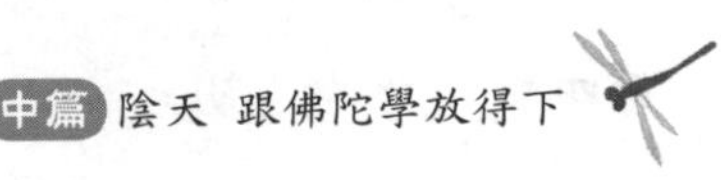

楚，你要尋找的是什麼。」

一個窮困潦倒的青年，流浪到巴黎，期望父親的朋友能幫助自己找到一份謀生的差事。

「數學精通嗎？」父親的朋友問他。青年搖搖頭。「歷史、地理怎樣？」青年還是搖搖頭。「那法律呢？」青年窘迫地垂下頭。

父親的朋友接連發問，青年只能搖頭告訴對方……自己連絲毫的優點也找不出來。「那你先把住址寫下來吧。」

青年寫下了自己的住址，轉身要走，卻被父親的朋友一把拉住了：「你的名字寫得很漂亮嘛，這就是你的優點啊，你不該只滿足於找一份糊口的工作。」

數年後，青年果然寫出享譽世界的經典作品。他就是家喻戶曉的法國十八世紀著名作家大仲馬。

欣賞別人的長處是免費的，但它起到的作用卻價值連城；可以點燃他人的夢想，會讓他人發現一個全新的自己。被欣賞者會產生自尊之心、奮進之力、向上之志。學會用一雙發現美的眼光，去挖掘別人的長處和優點，並加以讚賞吧！

學會欣賞別人的長處，你發現每個人都有可愛的地方。學會用欣賞的目光遙望世界，你會發現許多突然的美好。學會欣賞別人的長處，會使我們的胸襟更加博大，生命中也會出現更多的美麗與驚喜。

8 眾生都是我們的榜樣

傲慢其實是我們求知路上最大的障礙。因為傲慢我們看不見別人的長處，因為傲慢我們看不見自己的短處，因為傲慢我們不屑於向別人學習，因此，我們也就無法進步了。

——弘一法師

古人說過「馬看不見自己的臉長，羊看不見自己的角彎」。意思也就是說有些人總是看不到自己的缺點，總是拿自己的長處比別人的短處，沉浸在自我構建的虛妄世界裏自我陶醉而無法清醒。

弘一法師說：「眾生都是我們的榜樣，世界就像是一面鏡子，可以照出我們最原始的模樣。而這面鏡子能幫助我們時刻檢討自己，認真看待自己。重要的是，我們通過照鏡子，能夠擁有一顆開放的心，能夠聆聽到更多的聲音。若是我們常常將心封閉起來，懂得再多的道理也

是無用的，因爲心是閉塞的，你就無法領悟真理，而真理在日常生活中最易得到。」

一位得道高僧曾在禪師處參學，他是個極為聰慧伶俐的人，禪師很喜歡他，沒過多久就選他做了自己的侍者。

這天，高僧路過禪師的禪房時，忽然聽到禪師喊了自己一聲：「遠侍者！」他連忙走進禪房，聽到禪師問他：「是什麼？」

高僧不知道禪師的意思，覺得納悶，冥思苦想，不知道禪師為什麼問這句話。

此後，高僧總能聽到禪師對他喊道「遠侍者」，他剛答應一聲，禪師就會問他：「是什麼？」

十八年之後，高僧終於有所領悟了。

某一天，高僧決定向禪師辭行，去其他的古剎進行參學。這時禪師對他說：「現在，請你回答我一個問題，如果你能回答得出，就可以走了。」

高僧說：「請禪師發問吧！」

禪師問他：「佛經上有云『光含萬象』，你可知道這句話是什麼意思？」

高僧想了想正要與禪師討論一番，禪師制止他說：「我看，你還是再住些日子吧。」言下之意，是覺得他的修行還不夠。

高僧便又住了三年，終於在禪師的指點下得悟大道，此後返到家鄉的寺廟住下，造福一方，這一住就是四十年，直到他八十多歲。

某天，他向徒弟辭行說：「老僧雲遊去也！」

他的徒弟吃驚地問：「師父，您已經八十歲了，雲遊還能到哪裏去呢？」

高僧笑道：「大善知識來去自由，你還……不懂。」又在禪房對眾人說：「老僧歷經四十年方才打成了一片啊。」說完便圓寂了。

所謂看得到與看不到，聽得到與聽不到，都不是三言兩語可以說清的，佛經上所言皆是真言，但要真正得悟大道，卻不是一朝一夕的修煉可以辦到的。

殊不知，眾生有多麼廣闊，萬籟聲音有多麼深遠，想要在片刻之間領悟高深的佛法真諦，尋找捷徑是不行的。一切頓悟都是從最初的聆聽開始的，聆聽的心思不靜、不沉，聽到的聲音便只能停留在表像，不能深入我們的心裏，形成充沛的人生養料。

弘一法師主張「觀天地、生物、氣象」是將他自身的體悟融匯在了佛經之中，我們在生活中能看到的日月更迭、四季變化都是自然規律，也是參悟佛法最初的起點。萬物都有它的表像與內在的本質，有時就是要從簡單平凡的事物表像中，體會到其內在蘊涵的深刻道理，從而更好地把握我們面對他人的態度、行爲。

通過聆聽與省悟，來學習聖賢對於萬事萬物的慈心、氣度，需要的是一個循序漸進的過程。這個過程沒有固定的時間或期限，全看個人修行與悟性，當然我們首先要做的就是把心打

開，這一點看似容易卻是最為困難的。正所謂「一葉障目，不見泰山」，很多人眼睛雖然沒有被遮住，但心卻被蒙蔽了，不懂省察自己，看不到自己的不足之處，也難以發現他人的優點與長處。永遠將自己困在那一方小世界中，看不到外面的天地有多大。

「大善知識來去自由」是潛藏在我們身邊的大智慧，只要心敞開了，對眾生敞開了，對萬事萬物敞開了，你能聆聽與學習的管道也就多了，不一定需要走到很遠的地方，即使坐在原地，即使每日看著窗外的樹葉與落日，也能有所體悟。

第五章 行經幽谷——「看山不是山，看水不是水」

人隨著年齡漸長，經歷的世事漸多，就發現這個世界的問題越來越多、越來越複雜，於是不願意再輕易地相信什麼，容易變得爭強好勝、與人比較、絞盡腦汁、機關算盡，永無滿足的一天。大多數人都困在這一階段，雖然糾結、掙扎、痛苦，卻也恰恰是頓悟的契機。因為，看到了，才能出來；經歷了，才能明白。

1 只要不執著，就有辦法化解

同樣過一天——有人虛妄迷惑，顛倒痛苦；有人了然明白，解脫自在。

——馬祖禪師

佛家說：「財富會空，真空能生妙有。」人在迷惑的時候，往往會有許多心結打不開，這通常都是因爲自己鑽牛角尖，固執己見，聽不進別人的逆耳忠言所致。

所以當我們遭遇不順、陷入煩惱的時候，無論迷惑、愚癡或邪見，只要不執著，就有辦法化解。

有一天，一位信徒向一休禪師告辭：「師父，我不想活了，我要自殺。我經商失敗，無法應付債主們逼債，只有一死了之啊！」

「難道就沒有別的路了嗎？」

「沒有了！我已經山窮水盡了，家裏只剩下一個幼小的女兒。」

禪師說：「我有辦法幫你解決，只要你把女兒嫁給我。」

信徒大驚失色：「這……這……這簡直是開玩笑！您是我師父啊！」

禪師揮揮手說：「你趕快回去宣佈這件事，迎親那天我就到你家裏，做你的女婿。」

這位信徒素來虔信一休禪師，只好照辦。迎親那天，看熱鬧的人把信徒家裏擠得水泄不通。

一休禪師安步當車抵達後，只吩咐在門口擺一張桌子，上置文房四寶，圍觀的人更覺稀奇，一個個屏氣凝神準備看好戲。一休禪師安安穩穩地坐下來，輕鬆自在地寫起書法，一會兒功夫就擺了一桌的楹聯、書畫。大家看一休禪師的字寫得好，爭相欣賞，反而忘了今天到底來做什麼。結果，禪師的字畫不到一刻鐘就被搶購一空，錢堆成小山一樣高。

禪師問這位信徒說：「這些錢夠還債了嗎？」

信徒歡喜得連連叩首：「夠了！師父您真是神通廣大！」

一休禪師輕拂長袖說：「好啦！問題解決了，我也不做女婿了，還是做你的師父吧！」

所謂「窮則變，變則通」，能夠不斷尋求解決之道，就會有所覺悟，有了覺悟就會有受用，此即「迷中不執著，悟中有受用」。

寺廟裏，有一位修為深厚的老和尚，他身邊聚攏著一幫虔誠的弟子。

這一天，他囑咐弟子們：「徒兒們，你們每人都去南山打一擔柴回來吧。」弟子們匆匆告別師父下山。但行至離南山不遠的河邊，眼前的一幕卻讓所有弟子都目瞪口呆——只見洪水從山上奔瀉而下，阻住了去路，弟子們無論如何也休想渡河打柴了。眾人只得悻悻而歸，無功而返。弟子們多少都有些垂頭喪氣。唯獨有一個小和尚，卻與師父坦然相對。

老和尚笑問：「打不成柴，大家都很沮喪，為何你卻如此淡定？」

小和尚看了看師父，從懷中掏出一個蘋果，遞給老和尚，說道：「雖然過不了河，打不了柴。但我卻看見河邊有棵蘋果樹，上邊還結了蘋果，我就順手把這唯一的蘋果摘來了。」

後來，這位小和尚成了老和尚的衣缽傳人。

世上有走不完的路，卻也有過不了的河。遇見過不了的河就掉頭而回，是一種生存智慧。但在河邊摘下一顆「蘋果」，無疑是一種更大的生存智慧。歷覽古今，抱持這樣一種生活信念的人，最終大都實現了人生的突圍和超越。

目標可以是一個，抵達目標的路線卻可以有所不同。在實現目標前，切忌一頭栽進去，我們需要靜下心來琢磨琢磨選擇哪種路線更有效。有時選擇比努力更重要，尤其是在面對成效甚微的努力時，我們更需要放下執念，學會變通。

第一要告誡自己：有些事情必須選擇妥協。

遲田大作家曾說：「權宜變通是成功的秘訣，一成不變是失敗的夥伴。」的確，成功除了堅持到底之外，最重要的是必須在該轉身和變通的時候，及時放下食古不化、固執己見，否則只會讓自己離成功的目標越來越遠。所以，我們要告誡自己：有些事情必須放下執念，選擇妥協。有位偉人說得好：「根據情景的變化，及時調整人生的航線是量力而行的睿智和遠見，放棄已不再適合局勢的航線則是顧全大局的果斷和膽識。」

第二是要養成學習新知識、接觸新事物的習慣。

絕大多數執念的人，都是一些思想狹窄、看問題片面、不喜歡接受新事物者。他們思維方式偏激，觀念固定重複，在大腦皮層形成了一個「情性興奮中心」，因此，一旦某種思想、觀念深深地紮根其中，自然很難容下其他思想、觀點。要想放下執念，就得不斷學習新知識，接觸新事物，開闊自己的思路，養成不斷更新思維方式的習慣。要知道，人生如戲，每個人都是自己生命唯一的導演。只有學會選擇新事物，放棄舊事物的人才能夠徹悟生活，笑看生活，擁有海闊天空的幸福境界。

第三是要善於克制自己，保持適度的自尊。

自尊心過強是導致執念的重要原因，而執念又常在虛榮心的滿足中得到發展。「自尊」作爲人的一種精神需要固然是必要的，也是良好的。但自尊心過強，並且不是靠智慧、技能、高尙品格獲得，而是用執拗、頂撞、攻擊、無理申辯來強求，就會發展爲固執。固執的人爲了達到自己的目的所表現出來的「堅持到底」的行爲，與真正的百折不撓、頑強不屈的精神並不能相提並論。因此，要想避免陷入執念的泥潭不可自拔，就得加強自我調控，善於克制自己，保持適度的自尊。

第四是做事認真而不迂腐，靈活而有原則。

做事太認真的人，往往會變得頑固執拗。太認真會讓人看不清楚周圍真實的情況，最後受害的是自己，自己受了傷、吃了虧還不知道爲什麼。簡而言之，認真的生活態度是需要的，但認真得過頭了就大事不妙了。

2 參透得失的本質

眾生由其不達一真法界，只認識一切法之相，故有分別執著之病。
——《四十二章經》

人生總是有得有失，得到了這個，失掉了那個，有的人很貪心，想要把一切都攥在手裏，失掉了某一樣都變得不開心，這樣就是沒有參透得失的本質。

我們在得失之間要有一顆平常心。《塞翁失馬》的故事都聽說過，在這個故事中塞翁失去了很多東西，但是唯一不變的就是他快樂的內心，他始終保持著一個平和的心態。

要以「得之我幸，失之我命」的樂觀心態坦然面對整個人生，也就是「得到了是我的幸運，失去了是我的命運如此」，擁有這樣的心態自然能夠保持快樂。

有一天，無德禪師正在院子裏鋤草，迎面走過來三位信徒，向他施禮，說：「人們都說佛教能夠解除人生的痛苦，但我們信佛多年，卻並不覺得快樂，這是怎麼回事兒呢？」無德禪師放下鋤頭，慈祥地看著他們說：「想快樂並不難，首先要弄明白人為什麼活著。」

甲說：「我母親今年八十多了，身體不好，我總是擔心她離我而去。」

乙說：「我要沒日沒夜地幹活，才能夠養活一家老小，我感覺很累，毫不快樂。」

丙說：「我今年都快三十歲了，卻連個功名都考不上，全家就指望我高中，可是我卻屢屢失敗。」

無德禪師停下了手裏的活，聽完三個人訴說，說道：「你們不快樂，是因為你們總是在計較失去的東西啊，總是在意生活裏不好的一面。」

無德禪師對甲說：「你的母親身體不好，你要好好照顧，可是你家上個月不是新添了一個女兒嗎？這不讓人高興嗎？」無德禪師轉頭對乙說：「你每天工作很累，但是你有一份正經工作，在村子裏首屈一指，跟家人享受天倫之樂，這不讓人高興嗎？」無德禪師最後對丙說：「村子裏每一塊匾都是你題的字，你讀書最多，識遍天下，縱覽古今，這不讓人高興嗎？」

三人聽後都恍然大悟，道謝禪師而去。

有一位哲人說過：「世界上有兩種人，他們的健康、財富以及生活上的各種享受大致相同，結果，一種人是快樂的，而另一種人卻得不到快樂。」杭州靈隱寺中有一副對聯，上聯是「人生哪能多如意」，下聯是「萬事但求半稱心」。有時失去了身外之物，若是因此再失去了

好心情就太看不開了，可謂得不償失。

人生的道路上，每個人都在不斷地累積著令自己煩惱的東西，包括名譽、地位、財富、親情、人際關係、健康、知識、事業等。這些東西壓得人們喘不過氣來，使人們失去了原本應該享受的樂趣，增添許多無謂的煩惱。一旦失去其中一種便會大爲在意，甚至惱火沮喪，要「想辦法奪回來」。

其實人生就那麼幾十年，金錢、地位等這一切都不能一直陪伴我們，人死了之後也什麼都帶不走，若是焦慮沮喪、患得患失幾十年，那就太不值得了。所以人生的本質就是快樂，每天都快樂地活，不是一種最好的活法嗎？何必要爲了一些身外之物黯然神傷，焦慮不已。

有個富人叫做白正，他感到每天都不快樂，聽說在偏遠的山村裏有一位得道高僧，他便把所有家產換成了一袋鑽石，去找高僧。

他對高僧說：「高僧！人們說你是無所不知的，請問在哪裏可以買到快樂的秘方呢？」

高僧說：「我這裏的快樂秘方價格很貴，你準備了多少錢，可以讓我看看嗎？」

白正把裝滿鑽石的錦囊拿給高僧，沒有想到高僧連看也不看，一把抓住錦囊，跳起來就跑掉了。

白正非常吃驚，四下又無人，只好自己追趕高僧，可是跑了很遠也沒有見到高僧的身影，他累得滿頭大汗，在樹下痛哭。

正當白正哭得厲害之時，他突然發現被搶走的錦囊就掛在枝椏上。他取下錦囊，發現鑽石還在。一瞬間，一股難以言喻的快樂充滿他全身。

高僧從樹後面走出來，說道：「凡人不懂得與失的平衡，自以為失要痛哭，得要歡喜，拋卻了這種觀念你才能真正的快樂啊。」

白正叩謝禪師，回去之後開始勞動，每天快樂起來。

人生最大的障礙和不自在，就是受外界的牽制。對外在虛假的認同，破壞了心靈的統一。絕對的本體是超越了時間、空間和因果規律的範疇的。「眾生由其不達一真法界，只認識一切法之相，故有分別執著之病。」

人們總喜歡羨慕別人，卻忽略了自己所擁有的。很多人總是渴望獲得那些本不屬於自己的東西，而對自己擁有的卻不加以珍惜。其實，我們每個個體之所以存在於世界上，自有它存在的意義；每一個人都擁有自己的優點和長處，也有自己的缺點和短處。因此，安心做自己的人，才是智慧的人。

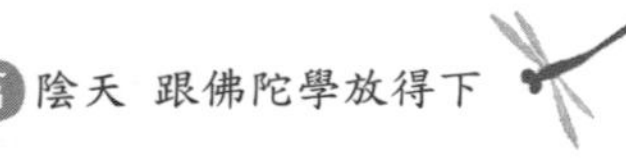

3 忍辱負重，如飲甘露

休言極樂苦難生，才說難生是障門。佛力自能除業力，信根端可拔疑根。

——弘一法師

一座寺廟建好之後，善男信女們便祈求佛祖給他們派來一個最好的雕刻師雕刻一尊佛像。於是如來便派來一個精於雕刻的羅漢幻化成一個雕刻師來到人間。雕刻師在兩塊備好的石料中選了一塊質地最上乘的石頭，開始了工作，可是沒想到他才拿起鑿子鑿了幾下，這塊石頭便喊起痛來。雕刻師的羅漢勸他說：「不經細細的雕鑿，你將永遠都是一塊不起眼的石頭，還是忍一忍吧。」可是，等到鑿子一落到石頭上，它依然哀嚎不已：「痛死我了，痛死我了。求求你，饒了我吧。」雕刻師實在忍受不了這塊石頭的叫嚷，便停止了工作。於是，就選了那塊質地遠不如它的粗石頭重新雕起來。雖然這塊石頭的質地較差，但它感到自己能被雕刻師選中而從內心感激不已，它更對自己將被雕成一尊精美的雕像深信不疑。所以，任憑雕刻師刀琢斧敲，它都默然不響地堅忍承受。而雕刻師因為知道這塊石頭的質地差些，為了展示自己的藝術，他工作得更加賣力，雕鑿得更加精細。不久，一尊肅穆莊嚴、氣魄宏大的佛像赫然立在人們的面前。

這座寺廟的香火非常的鼎盛，日夜香煙繚繞，天天人流不息。為了方便日益增加的香客，那塊怕痛的石頭被人們弄去填坑築路了。由於當初承受不了雕鑿之苦，怕痛的石頭現在只得忍受人來車往、頻繁碾過的痛苦。它看著雕像安享人們的膜拜，內心裏總覺得不是滋味。有一次，它憤憤不平地對正路過此處的佛祖說：「佛祖啊，你太不公平了，你看那塊石頭的資質比我差得多，如今卻享受著人間的禮贊尊崇，而我卻每天遭受踐踏，日曬雨淋，你為什麼要這樣的偏心啊？」佛祖微微一笑，說：「質地也許會給你帶來人們偏愛的幸運，但成功卻是來自一刀一銼的雕琢啊！你受不了雕鑿之苦，最後只能得到這樣的命運啊。」

這是一個發人深省的人生寓言，就像故事中所說的那樣，我們每個人潛在的智慧，便是我們成就未來輝煌的那塊「石頭」，而雕刻師就是我們自己，成功的關鍵就是你能否堅忍的承受雕鑿之痛。

發明「KV殺毒軟體」的王江民，四十多歲到中關村創業，靠賣殺毒軟體，幾乎一夜間就變成了百萬富翁，幾年後又變成了億萬富翁，他曾被稱為「中關村百萬富翁

第一人」。王江民的成功看起來很容易，不費吹灰之力，其實不然。

王江民困難的時候，曾經一次被人騙走了五百萬元。他的成功，可以說是偶然之中蘊含著必然。王江民三歲的時候患過小兒麻痹症，落下終身殘疾。他從來沒有進過正規大學的校門，二十多歲還在一個街道小廠當技術員，三十八歲之前不知道電腦為何物。王江民的成功，在於他對痛苦的忍受力，從上中學起，他就開始有意識地磨煉意志，「比如說爬山對我來說很困難，但我堅持經常去爬，慢慢地五百米高的山很快就能爬上去了，也不感覺得累。再一個就是下海游泳，從不會游泳、喝海水、到會游泳，一直到很冷的天也要下水游泳，去鍛煉自己，在冰凍的海水裏的忍受力。別人要游到一千米、兩千米，那麼我也要游到一千米、兩千米，就這樣鍛煉自己，磨煉自己的意志。」他四十多歲辭職來到中關村，面對欺騙，面對商業對手不擇手段的打擊，都能夠坦然面對。所以，中關村能人雖多，卻讓這樣一個外來的殘疾人拔了百萬富翁的頭籌。

「華旗資訊」的老總馮軍是清華大學的高材生，而他的事業卻是在中關村從小生意做起的。

他有個「馮五塊」的外號，因為他在推銷東西的時候，老是對人說：這個東西我只賺你五塊錢。一次，馮軍用三輪車載四箱鍵盤和主機殼去電子市場，但他一次只能搬兩箱，他就先將兩箱搬到他能看到的地方，折回頭再搬另外兩箱。就這樣，他將四箱貨從一樓搬到二樓，再從二樓搬到三樓，如此往復。這樣的生活，有時會讓人累得癱在地上。但是，更需要承受的，是心理上的落差。馮軍在中關村創業，首先要丟掉清華大學高材生的面子。俗話說，「物以類聚，人以群分」。在中關村和馮軍幹一樣活兒的人，大多數是來自安徽、河南的農民。一個清華大學的高材生，成天與這樣一些人打交道，與這樣一些人混在一起，讓這樣一些人認可自己，並不是一件容易的事，需要撕去「偽裝」，真正與群眾打成一片。其次，為了讓人家代理自己的產品，「村裏」那些攤主兒不論大小都是自己的「爺」，見人就得點頭哈腰，陪笑臉、說好話。從「馮五塊」這樣一個綽號，可以看出馮軍當時在中關村的「江湖」地位。

俗話說「木不雕不成才，玉不鑿不成器。」成功的大門向來是朝著每一個人敞開的，能否成功，在很大程度上並不取決於其智商的高低和客觀環境的好壞，而取決於是否具有堅強意志和承受挫折的能力。

4 恐懼是世上最傷人的情緒

當你感到害怕和瘋狂時，你最大的潛力將會動彈不得。
——聖嚴法師

每個人的心裏都藏著一個名叫「恐懼症」的小魔鬼，它經常會在你不注意的時候偷襲你，讓你對這個世界充滿恐懼之情，面對這樣一個魔鬼，我們如何才能戰勝心中的恐懼？

麥克．英泰爾是一個平凡的上班族，三十七歲那年做了一個瘋狂的決定，放棄他薪水優厚的記者工作，把身上僅有的三塊多美元捐給街角的流浪漢，只帶了乾淨的內衣褲，由陽光明媚的加州，靠搭便車與陌生人的仁慈，橫越美國。

他的目的地是美國東海岸北卡羅萊納州的恐怖角。

這是他精神快崩潰時作的一個倉促決定。某個午後他忽然哭了，因為他問了自己一個問題：如果有人通知我今天死期到了，我會後悔嗎？答案竟是那麼肯定。雖然他有不錯的工作，有美麗的女友，有至親好友，但他發現自己這輩子從來沒有下過什麼賭注，平順的人生沒有高峰或谷底。

他為自己懦弱的前半生而哭。一念之間，他選擇了北卡羅萊納州的恐怖角作為最終目的地，藉以象徵他征服生命中所有恐懼的決心。

他檢討自己，很誠實地為自己的恐懼開出一張清單：打小時候他就怕保姆、怕郵差、怕鳥、怕貓、怕蛇、怕蝙蝠、怕黑暗、怕大海、怕城市、怕荒野、怕熱鬧又怕孤獨、怕失敗又怕成功、怕精神崩潰……他無所不怕，卻似乎「英勇」地當了記者。

這個懦弱的三十七歲的男人上路前竟還接到奶奶的紙條：「你一定會在路上被人強暴。」但他成功了，四千多英里路，七十八頓餐，仰賴八十二個陌生人的仁慈。

沒有接受過任何金錢的饋贈，在雷雨交加中睡在潮濕的睡袋裏；也有幾個像公路分屍案殺手或搶匪的傢伙使他心驚膽戰；在遊民之家靠打工換取住宿；住過幾個陌生的家庭；碰到過患有精神疾病的好心人。他終於來到恐怖角，接到女友寄給他的提款卡（他看見那個包裹時恨不得跳上櫃檯擁抱郵局職員）。他不是為了證明金錢無用，只是用這種正常人難以忍受的艱辛旅程來使自己面對所有恐懼。

恐怖角到了，但恐怖角並不恐怖。原來，「恐怖角」這個名稱，是由一位十六世紀的探險家取的，本來叫「CapeFaire」，被訛寫為「CapeFear」。只是一個失誤。

麥克·英泰爾終於明白：「這名字的不當，就像我自己的恐懼一樣。我現在明白自己一直害怕做錯事，我最大的恥辱不是恐懼死亡，而是恐懼生命。」

在人生的道路上，許多人因害怕失敗而不敢「輕舉妄動」。這種恐懼的心理，使許多人喪失了成就未來的大好時機。

有一處地勢險要的峽谷，澗底奔騰著湍急的水流，而所謂的橋則是幾根橫亙在懸崖峭壁間光禿禿的鐵索。

一行四人來到橋頭，一個盲人、一個聾子，以及兩個耳聰目明的正常人。四個人一個接一個抓住鐵索，凌空行進。

結果呢？盲人、聾子過了橋，一個耳聰目明的人也過了橋，另一個則跌下深淵失去生命。

難道耳聰目明的人還不如盲人、聾人嗎？

是的！他的弱點恰恰源於耳聰目明。

盲人說：「我眼睛看不見，不知山高橋險，心平氣和地攀索。」

聾人說：「我耳朵聽不見，不聞腳下咆哮怒吼，恐懼相對減少很多。」

那個過了橋的耳聰目明的人則說：「我過我的橋，險峰與我何干？激流與我何干？只管注意落腳穩固就夠了。」

佛說：「擔心做出愚蠢的事，本身就是最愚蠢的事。喪失錢財，損失不大；喪失名譽，損失不小；喪失健康，損失慘重；喪失勇氣，一無所有。我們心中的恐懼永遠比真正的危險巨大得多。」

5 耐得住寂寞，經得起誘惑

老僧自有安閒法，八苦交煎總不妨。無作乃攀緣俱息。法性本來空寂，蕩蕩無有邊畔，安必取捨之間，被他二境迴換。

——淨空法師

定力，本是佛家語，指理念堅固、心地清淨、克制物欲、適應環境的意志和開啓智慧、覺悟真理的心源。其實佛家之外的現代世俗生活，缺少佛家戒律的約束，更要依靠自身的定力。

一位無果禪師為了參透禪理，深居幽谷，一住便是二十餘年，這二十餘年來他全靠一對母女護法供養。可是他卻一直未能明心見性，於是，他想出山尋師訪道。護法的母女聽說禪師要走，便挽留禪師多留幾日，要做一件衲衣送給禪師。母

女二人回家後，馬上著手剪裁縫製，縫一針念一句彌陀聖號。做畢，再包了四錠馬蹄銀，送給無果禪師做路費。禪師接受了母女二人的好意，準備次日動身下山。

當天晚上，無果禪師像往常一樣，仍坐禪養息。到了半夜子時，忽有一青衣童子，手執一旗，後隨數人鼓吹而來，扛一朵很大的蓮花，扛到禪師面前。童子說：「請禪師上蓮花台。」

無果禪師十分驚奇，心中暗道：我修禪定功夫，未修淨土法門，就算修淨土法門的行者，此境亦不可得，恐是魔境。

想到此處，無果禪師便不再理睬童子，童子又再三地勸請，說勿錯過。於是無果禪師隨手拿了一把引磬，放在蓮花臺上。不久，童子和諸樂人，便鼓吹而去。

第二天一早，禪師收拾行囊正要起程時，母女二人手中拿著一把引磬來到無果禪師的住處，問道：「這是禪師遺失的東西嗎？昨晚家中母馬生了死胎，馬夫用刀破開，見此引磬，知是禪師之物，特來送回。只是不知為什麼會從馬腹中生出來呢？」

無果禪師聽後，大吃一驚，想想昨晚，不禁嚇得汗流浹背，隨後乃作偈曰：「一襲衲衣一張皮，四錠元寶四個蹄；若非老僧定力深，幾與汝家作馬兒。」

說後，無果禪師將衣銀還於母女二人，起程而去。

我們身邊總太多的誘惑，時時引誘我們，讓我們慢慢淡忘、放棄自己的人生理想。小孩子會受到糖果的誘惑，學生會受到遊戲的誘惑，官員會受到賄賂的誘惑，減肥者會受到食物的誘惑，而每個成年人都會受到風花雪月、錦衣玉食、黃金美元、名譽地位的誘惑。

當今天下是一個熱情洋溢的世界，也是一個浮華躁動的世界；是一個充滿機會與競爭的世界，也是一個充滿誘惑與欲望的世界。初出茅廬，隻身行走，有一種素質至為重要，這種素質，便是定力。

定力是處變不驚。歷史上有許多年份，風平浪靜；也有許多年份，風急浪高。碰上後一種時勢，所有的人都要面臨更多的風險，接受更多的挑戰，分擔更多的責任。這是一種生活的偶然，也是一種生活的必然。畢業下海，衝浪社會，沒有定力，難以從容進取。尤其是工作尚未著落、深造尚未如願，更須處變不驚。國家地大物博，東西南北均需人才，尋求工作，總有管道，尋求發展，總有機會。成語「條條大路通羅馬」，就是這個意思。

定力是隨遇而安。每個人都有不同的境遇，這境遇或許是自己滿意的，或許是自己不滿意的，甚至是一種無可奈何的屈就。這並不異常。人，志向不同，機會不同，能力不同，資歷不同，人脈不同，境遇自然千差萬別。但是，人生的一條鐵律，就是隨遇而安。無論何種境遇，都要冷靜面對；無論何種職業，都要安心就職。

定力是潔身自好。社會生活從來是真善美與假惡醜的交織，要抗住紙醉金迷的誘惑，守住潔身自好的尺度，「任憑弱水三千，我只取一瓢飲」。社交可以積極，交友則須謹慎，遇上一開口專說別人壞話的，要小心；遇上當面一套背後一套的，要十分小心；遇上謀取名利不擇手

段的，要格外小心。要親君子、遠小人；做君子、不做小人。君子坦蕩蕩，小人常戚戚；君子謀事不謀人，小人謀人不謀事；君子愛財，取之有道，小人愛財，作奸犯科。

定力也是鍥而不捨。鍥而不捨，方可創業；創業的路，從來艱難，開頭最難；內心要有屢敗屢戰的準備，也要有鐵樹開花的自信。內心要守得住寂寞，要拋得開功利，風吹雨打不動搖。鍥而不捨，方可出類拔萃。

6 人不轉我轉，我不轉心轉

外界事物令你痛苦，並不是因為它們打擾你，而是肇因於你對它們的判斷，而你有能力立刻消弭那種判斷。克服恐懼的方法，就是決定做法後便遵循它，保持忙碌，全力以赴。

——淨空法師

一位喜歡賭馬的人，因爲丟掉了比賽用的寶馬，內心很痛苦。

如果我們假設他能夠從正面去思考，就會覺得「丟馬其實只是意外，沒有人能永遠擁有這匹馬，再傷心煩惱也沒有用」。

如果我們再假設他進行反方向的思考，就會覺得「沒有馬也好，那樣我以後就不用再賭馬了，也就不會再有機會把錢輸給別人，細細想來，即使就算我能把馬兒找回來，以後賽馬時萬一不小心從馬上跌下來、跌傷了、摔斷腿了……更得不償失」。

如果我們再假設他轉個方向去換位思考，就會認爲「緣由天定，此馬丟了，或許我可以再買一匹更好的馬，舊的不去，新的不來嘛！」心理就會釋然許多。

阿東本來想請假，但是經理未批准，於是阿東就與經理發生口角，並從內心懷恨經理，認為他是一個無情無義的主管。

其實，阿東如果能用「正反轉三思策略」思考，經理不批准事假這件事，肯定是有原因的，怨恨的情緒就會得到逆轉，心態也會平和許多。

下面，我們再利用「正反轉三思策略」對阿東請假的事進行簡要分析。

首先，我們從正面進行積極的思考——請假批准不批准是主管的許可權範圍，經理有其考慮的各種因素，阿東有義務服從和尊重經理的安排，並將此視為一種美德，這樣去想，或許就能夠避免上述的一切不快。

其次，我們再從反面進行逆向思考——未批准阿東事假也好，可以繼續工作，還可以多拿一點工資，並可節省外出的開支。其實，假如經理真的批准阿東的事假了，可外出時萬一發生意外怎麼辦？

再次，我們可從各種角度進行換位轉向思考——胳膊扭不過大腿，阿東沒有必要和主管抗爭，以免節外生枝，等下一次經理心情好些再去跟他請假吧。我相信，一旦公司的生產工作沒那麼緊張了，經理就會批准阿東的假期了呢。

又比如，某人遭遇親人病故、親人離散，非常傷心痛苦，但是我們誰都明白傷心無用，只能節哀順變。為了幫其釋懷，我們可以引導他作如下思考。

首先，我們站在他的立場上作正面的積極思考——哎，老人家的一生是磊落的一生，幸運的一生，但是我們誰也沒想到生死有命，老人家會走得這麼快，這麼急。可是生老病死，本為常事，再美好的人生也不可能永遠保證親人能不離不散，再說「人死不能回生」，再傷心也沒有用，自己的日子還要繼續過，咱們還是一起想一想如何完成老人家的遺願才是關鍵。

其次，我們再從反方向進行逆向思考——老人病故了，他所有的病痛都從此解脫了，再也沒有痛苦，沒有人間煩惱了，上了天堂後還可以保佑我們大家，我們只有祝他一路走好，……所以，我們應從內心為他禱告。

再次，我們可以站在換位的立場去引導他進行轉向思考——為了不再增加家庭的負擔，老人家選擇了這條路，也真是苦了他了。我們應該化悲痛為力量，繼續他以前未能完成的工作，努力奮鬥，幫助老人家實現他的心願。

同樣，離婚、失戀、單相思、失業等痛苦的事情，我們也可以朝積極方向進行思考。可見，正向思考帶給我們的力量是自心至身的，也是巨大的、不可替代的。它帶給我們無限向上的力量，讓我們即使面對逆境也能保持樂觀、積極的心態，不會因爲遭遇困難而怨天尤人、一蹶不振，更不會鬱鬱成疾，它是可以由我們自行製造的健康保護傘、心理調節器。

一天，美國前總統羅斯福的家中失竊，損失了很多錢財。一位朋友得到消息後立刻給羅斯福寫了一封信，希望可以安慰他一下。不久，這位朋友就收到了羅斯福的回信，信中寫道：

「親愛的朋友，非常感謝你來信安慰我，我現在很平安，請你放心，而且我還要感謝上帝：首先，小偷偷去的是我的東西，但是沒有傷害到我的生命；其次，小偷只偷去了我家的一部分東西，而不是所有；再次，最讓我值得高興的是，做小偷的是他，而不是我。」

這是一個廣爲流傳的故事，羅斯福所列舉出的三條感謝上帝的理由，充分顯示了他作爲正向思考者的特質。這種特質也成爲他深受美國民眾和世界人民尊敬的原因之一。或許誰都不曾想到，這樣一位曾在美國政壇連任四屆總統，並對聯合國的建立做出過突出貢獻的政界「奇才」，竟然會是一個從小患有小兒麻痹症的人。羅斯福的一生都閃耀著奪目的光彩，這得益於他的聰慧與勤奮，更得益於他所具備的正向思考特質，正是這種正向思考特質使他充分發揮出了生命的力量，成為美國歷史上最偉大的總統之一。

可以說，善於正向思考的人更容易獲得上天的垂青，因為這些正向思考者身上有一種獨一無二的特質，能夠吸引美好事物的到來。

一位花匠經營的一家店鋪，是他們家族幾代人傳下來的。這家店鋪有一個傳統，就是店主總是在翻領上佩戴一枚大徽章，上面寫著「生意很好」的字樣。儘管他們也跟其他人一樣要度過艱難時期，但是，店主的態度和徽章卻從未改變。

每個人第一次看到這枚徽章時，無不這樣問：「生意有多好啊？」有時候，人們會說自己的生意很慘，甚至說自己很慘，覺得工作很有壓力。這枚徽章引起對話後，店主就會講述很多他生意上和工作上積極的事情。即使是感到自己很慘的人，聽了這位有感染力的樂觀的店主述說之後，也會覺得自己開心多了。

該店主曾經坦言：「有了這個徽章，好生意就會接踵而來。」其實對待我們的生活、我們的人生，又何嘗不是如此呢？

有一句名言說：「生活是一面鏡子，你對它哭，它就對你哭；你對它笑，它就對你笑。」而這也恰恰總結了正向思考的內涵：用美好的心態去面對生活中的一切，就會得到一切美好的思考結果，並且這種結果會作用於生活，使它朝著美好的方向發展。

7 降低一份欲望，收穫一份幸福

大大小小的河流，大都流歸大海。欲望不能滿足，貪愛沒有止境。

——《佛說生經》

《佛說生經》上說：一切世間的欲望，沒有一個人不想滿足，這些有著非常大的危害，為什麼還要自找傷害？大大小小的河流，大都流歸大海。欲望不能滿足，貪愛沒有止境。

是啊，欲望像越滾越大的雪球，蠱惑著人們拚命向前。那個向前通向幸福嗎？幸福的標準又是什麼呢？有許多人都不知道。人們的心靈被欲望佔據久了，都有些麻木了。

有一個從事房地產的年輕人，經過自己幾年的打拚，在本地已小有名氣了。他每天的生活就像上足勁兒的發條一樣，被傳真、資料以及各種方案充塞得滿滿的。

一天，他加班到很晚。從公司出來後，走了很遠的路也沒有叫到車。走得熱了，他停下來，解開領帶，仰頭出了口氣。這時，他吃驚地看見星星在絲絨般的夜幕中閃爍著，洋溢著一種無言的美麗。一如他大學畢業前的最後一晚，幾個要好的同學躺在學校圖書館前的草坪上看到的那樣。那一晚，他們深深地被血脈中擴張的青春激動著，廣袤的星空與未來的前途一片光明。

從那以後，他幾乎再也沒有時間去注視過夜晚的星空了。因為他從走入社會，就一直保持著彎腰向前奔跑的姿勢。太忙了，欲望總在膨脹，目標總在前方，於是他不停地向前奔跑著……

每個夜晚的這個時刻，他多半在應酬或是在作樓盤計畫和方案，他從沒有想過哪怕透過一扇小窗，去望望寧靜的夜空，傾聽心靈一些細小的聲音。

今天，當自己站在這靜謐的星空下，他突然想起以前在大學看過一位日本餐飲業巨頭總結的成功之道：在其連鎖店中能提供給顧客的，永遠是十七釐米厚的漢堡與攝氏四度的可樂。據他的研究人員研究發現，這是令客人感覺最佳的口感。當然，你也可以選擇把漢堡做成二十釐米厚，把可樂加熱到攝氏十度，但它們並不意味著最佳口感。

對於幸福，其實也只要十七釐米和攝氏四度就夠了。幸福，它是一路上持續發生的，就如深夜靜謐而美麗的星空所帶給人的震撼，而非那個令人疲憊的終極雪球。

幸福到底是什麼？許多人都在問，其實得到幸福很簡單。聽一聽自己內心的聲音，扔掉那些對自己來說十分奢侈的夢想和追求，那麼，你就被幸福包圍了。

有位著名的心理學家說：「一個人體會幸福的感覺不僅與現實有關，還與自己的期望值緊密相連。如果期望值大於現實值，人們就會失望；反之，就會高興。」的確，在同樣的現實面前，由於期望值不一樣，你的心情、體會就會產生差異。

一隻老貓見到一隻小貓在追逐自己的尾巴，便問道：「你為什麼要追自己的尾巴呢？」小貓回答說：「我聽說，對於一隻貓來說，最為美好的便是幸福，而這個幸福就是我的尾巴。所以，我正在追逐它，一旦我捉住了我的尾巴，便得到幸福。」

老貓說：「我的孩子，我也曾考慮過宇宙間的各種問題，我也曾認為幸福就是我的尾巴。但是，我現在已經發現，每當我追逐自己的尾巴時，它總是一躲再躲，而當我著手做自己的事情時，它卻形影不離地伴隨著我。」

同樣道理，在現實生活中，人們總是喜歡拚命地追求、索取，以爲這樣便可以得到幸福，殊不知，當你費盡心機地實現了這個目標，消除了一個煩惱，很快你又會有新的沒有實現的目標，你又會煩惱。如此反覆，永無盡頭。事實上，人們追求的東西往往是自己並不需要的。

成龍拍完「我是誰」這部大片之後，在一次採訪中說，他拍電影的場地從非洲到繁華的都市，有著很深的感觸。他說：「在非洲，人們很容易滿足，有麵包能吃飽肚子，那就是幸福的一天。可是，繁華都市裏的人，不用擔心三餐，卻有著很多的煩惱，他們總是在追求自己所不需要的東西。」

其實，追求幸福最有效率的方法就是「降低你的欲望」。通過心理調節，使自己能夠平靜地對待目標，從而減輕或消除心理負擔，幸福也就會悄然而至。在世界上所有獲得幸福的途徑中，這種方法的投入產出比最高，它基本上不用你花一分錢，有時甚至能省錢。

一位智者說：「人生不同的結果起源於不同的心態。」的確，假如世界變得灰暗，那是因爲你自己心中不夠燦爛。只要降低一份欲望，你便會得到一份幸福。

第六章 不忘初心——「看山還是山，看水還是水」

能保持住本心、做得到忍耐的人，看得夠了，經得多了，悟得深了，終有一天會豁然頓悟，明白萬般只是自然，存在就有存在的合理性。這個時候，他就不會再與人計較，只是做自己，活在當下。任你紅塵滾滾，我自清風朗月；面對世俗蕪雜，我只一笑了之。這個時候，就是放下了。

1 丟下身外之物，留下心靈之物

佛說：「放下。」你將手中所持有的東西放下，但是，你心間的七情六欲，人間的欲望掙扎，你是否放下了？只有放下這些，才真正算是佛家箴言中所講的「放下」。

——南懷瑾

佛語中講到，修煉的人在修行中如果不能放下七情六欲，也無法修煉到博大精深的境界。只有懂得放下，才能體會到佛家箴言。

在釋迦摩尼佛還在人世的時候，有一位叫作黑指的婆羅門來到他的面前。這個婆羅門運用自己的神通，兩隻手各拿了一個大花瓶，前來獻佛。佛陀大聲地對婆羅門說：「放下！」婆羅門於是聽從指教，將左手拿的那個花瓶放在地上。

佛陀又說：「放下！」婆羅門又聽從指教，將右手拿的那個花瓶也放到了地上。

然後，佛陀還是向他說道：「放下！」

這個婆羅門無奈地回答：「我已經兩手空空，沒有什麼可以再放下了，為何你還要我放下？」

佛陀聽了他的話，對他講：「我的本意並不是讓你放下手中的花瓶，而是讓你放下六根、六塵和六識。只有當你將這些都放下時，才能從生死輪迴中解脫出來。」

沒有多餘的東西，就減少了負擔，就會輕鬆自在。隨遇而安就能自得其樂，能放下多餘的不需要的東西，就是解脫。人其實不需要複雜的思想，只要具備這項簡單的智慧，簡單才能快樂。簡單思想，簡單生活，人生道路就遠離了痛苦與憂傷。

有一座廟裏住著一個老和尚和一個小和尚。小和尚對師父說：「如果買一匹馬，您就不用整天這麼勞累奔波了，可以輕鬆很多。」

老和尚認為徒兒說得對，他如願以償買到了馬，中午正想美美睡個午覺。

突然，小和尚跑了進來，說道：「師父，我們忘了一件事，馬兒在哪住呢？我們應該給馬兒建個馬棚。」

老和尚認為徒兒說得很有道理，也很及時。

於是，老和尚決定，馬上就給馬兒建個馬棚。

馬棚終於建好了，老和尚累了一天，正想躺下好好休息一下，小和尚又跑到跟前，說道：「師父，馬棚雖然建好了，但是你整天忙於化緣，而我又要學禪，平時誰來養馬呀！我們還少個養馬的。」

老和尚又認為徒兒說得很有道理，也很及時。

於是，老和尚決定，聘請了一個廚師兼保姆。

吃完早飯，老和尚正準備外出講經，小和尚跑到跟前，說道：「師父，廚師已經請來了。不過，她說她年老體衰，又不會算帳，讓我們再請一個夥計，幫她買買菜，打個下手。」

突然間，老和尚悟出了什麼，想道：「以前的日子，多簡單、多輕鬆啊。」他對小和尚說：「這匹馬只會讓我覺得更累，趕快賣了牠！」

有時候，我們認爲我們需要某些東西，千辛萬苦地終於得到了，卻發現這件東西其實並不能給我們的生活帶來輕鬆和愉快，相反地卻給我們帶來更多的負擔，讓我們身心疲憊。與其爲其所累，還不如痛下決心，果斷擺脫它。

即使擁有整個世界，一天也只能吃三餐，一次也只能睡一張床。世界上美好的東西實在數不過來，我們總是希望得到盡可能多的東西。其實得到太多，反而會成爲負擔。還有什麼比擁有淡泊的心胸，更能讓自己充實滿足的呢？欲望越小，人生就越幸福。

有位中年人覺得自己的日子過得非常沉重，生活壓力太大，想尋求解脫的方法，因此去向一位禪師求教。

禪師給他一個簍子，要他背在肩上，指著前方一條坎坷的石路說：「當你向前走一步，就彎下腰來，撿一顆石子放到簍子裏，然後看看會有什麼感受。」

中年人照著禪師的指示去做，等他背上簍子裝滿石頭後，禪師問他：「你一路走來有什麼感受？」

中年人回答說：「感到越走越沉重。」

禪師說：「每一個人來到這個世上時，都背負著一個空簍子。我們每往前走一步，就會從這個世界上撿一樣東西放進去，因此才會有越來越累的感慨。」

中年人又問：「有什麼方法可以減輕負重呢？」

禪師反問他：「你是否願意將名聲、財富、虛榮、權力等拿出來捨棄呢？」

那人答不出來。

禪師又說：「每個人的簍子裏所裝的，都是自己從這個世上尋來的東西，但是你拾得太多，如果不能放掉一些，你的生命將承受不起，現在知道應丟下什麼和留下什麼了嗎？」

中年人反問禪師：「這一路上，您又丟下了什麼？留下了什麼呢？」

禪師大笑：「丟下身外之物，留下心靈之物。」

人在世上，無時無刻不受到來自外界的誘惑，一旦有了功名，就會對功名放不下；有了金錢，就會對金錢放不下；有了愛情，就會對愛情放不下；有了事業，就會對事業放不下……當得到的東西太多了，超過生命的承載力，多餘的東西就會成爲人生的負擔。

當你放下一些多餘的、不需要的東西的時候，就如脫鉤的魚，出岫的雲，心無掛礙，來去自如，表裏澄澈。「風來疏竹，風過而竹不留聲；雁渡寒潭，雁去而潭不留影」，才會發現生命竟可以如此充實、如此美好，日日是好日，步步起清風。放下，是一種境界，更是一種精神。但，也需要勇氣和智慧。

2 錯誤的堅持，就是浪費生命

千萬別等到爬到頂端，才發現自己的梯子靠錯了牆。

——慧律法師

生活中，很多人總認爲自己還年輕，有很多時間可以去嘗試、去堅持，但是歲月匆匆，當最終發現自己的堅持成爲無用功時，再回首已經百年身。

從前，有姓黑和姓白兩個和尚，他們原本在一處修行，但是為了做進一步的修煉，就分開各自去尋訪名師，拜師學藝。在出發的時候，他們約定在十年後的這一天回到分手的地方，不見不散。

十年後，兩人依約在當初分開的地方見了面。白和尚就問黑和尚說：「黑老大！你老兄練就了什麼絕活？你的功夫一定很精進吧？」

「那是當然！我拜的師父是達摩禪師的傳人，他教會了我蘆葦渡江的無上功夫。」黑和尚自豪地說，「一會兒就讓你開開眼界！」

黑和尚說完後就帶著白和尚來到江邊的渡口，在岸邊摘下一根蘆葦草丟入江中，然後乘著蘆葦草渡江而過，而白和尚就跟著眾人乘船過江，當兩個人都到達河對岸後，黑和尚得意地問白和尚說：「怎麼樣，厲害吧？你老弟練了什麼無上的功夫？也露一手讓我瞧一瞧！」

白和尚很不好意思地低聲說道：「我好像沒有練什麼本事，我師父只是教我一心一意地當和尚，讓我每天認真地吃飯、睡覺，敲鐘念經也要很專一，所有的事情都要努力認真去做，然後一切隨緣而行！我師父告訴我說這就是無上的心法和智慧，我也不知道到底對不對！」

黑和尚聽後哈哈大笑，他不客氣地大聲說道：「這算是什麼功夫？看來你這十年都是白學了。」

白和尚露出不置可否的表情，過了一會兒，他正經八百地說：「黑大哥，那你還練了其他的功夫嗎？」

黑和尚不屑地瞄了白和尚一眼，回答說：「難道我用十年的時間練就達摩神功的蘆葦渡江術還不算厲害嗎？」

白和尚搔一搔頭，小聲回答：「你是很厲害！可是，只要付給船夫三文錢就可以渡江了，黑大哥你為什麼要花十年的時間去練它呢？難道你十年的時間就只值三文錢嗎？」

黑和尚一下子愣住了，他哭喪著臉，不知該如何回答。

錯誤的堅持就是在浪費生命，不管是工作還是生活。生活中也有些人從小就抱有美好的夢想，也身體力行去追求、去堅持，但他們犧牲了美好的青春，激情也慢慢消耗殆盡，留給自己的卻是一個生命的殘局，可是他們仍然覺得是上蒼跟他們開了一個生命的玩笑。殊不知，是他們自己的固執埋葬了自己的青春年華。

有一家公司需要招聘一名業務代表，通過層層選拔進入複試的只有A和B兩名應聘者，為了從中找出一位最適合這份職業的員工，公司決定在不同時間段分別通知他們前來面試。

第二天A被公司通知前來進行最後一次的考核。A在面試的時候十分穩重，各種問題都對答如流，就在這時負責面試的考官忽然遞給他一把鑰匙，隨手指了一間小屋讓他去那裏拿只茶杯來。

A就去開那間小屋的門，可是他無論怎麼開就是打不開，他不相信自己開不了，就慢慢地擰，鼓搗了很長時間還是打不開。他知道這是主考官給自己出的最後一道難題，如果連這扇小小的門都打不開的話，怎麼去打開別人的心靈？於是他就一個勁兒地往裏面擰，可是最後鑰匙也被他擰斷在鎖孔裏了。

A感到十分難以置信，明明是這扇門的鑰匙為什麼就是打不開呢？他就問主考官：「請問，是這把鑰匙嗎？」主考官抬頭看了一下A答道：「是打開屋子，取出茶杯的鑰匙。」A很為難地說：「門打不開，我也不渴……」

主考官打斷了他的話：「那好吧，這兩天回去等通知，如果接不到通知，你就去別家公司試試吧。」

第三天公司又通知B來面試，儘管他的回答不是十分流暢，但主考官還是同樣給他一把鑰匙讓他取來一隻茶杯，B也是同樣打不開門，但是他卻看見另一間屋裏有一隻茶杯，他就想：「主考官並沒有告訴我鑰匙就是這間屋子的，它既然是打開有茶杯那間屋的鑰匙，那麼應是隔壁這一間吧！」於是他抱著試試看的心態，竟然真的打開了那間小屋，取出了茶杯。

主考官很高興，拿過他取出的茶杯為他倒了一杯水，然後對他說：「喝杯水，然後簽個協議，祝賀你，你被錄取了。」

A放不下自己心中的那份執著，一直認為主考官指定的就是那間屋子，結果怎麼弄也打不開屋門；而B卻並沒有這樣認為，只是選擇放下這扇打不開的屋門去試另一間的屋門，結果他用同樣的一把鑰匙打開了另一間屋子的門，取出了茶杯。

有些事情確實需要「半途而廢」，當然這就要求我們仔細地甄別何時是放下的時機，然後

正確理智地堅持，這才是實現終極目標的大智慧。

選擇需要智慧，放下需要勇氣。適時地放下無意義的堅持，才會有更多的可能到達成功的彼岸。如果自己選擇的方向是正確的，那麼該堅持的就要堅持，反之，如果你在一條錯誤的道路上狂奔，那麼就加速了自己的毀滅。

如果我們的目標並不適合我們，做了也是白做的時候就要懂得去收手，與其苦苦掙扎，蹉跎歲月，還不如選擇放下。若我們堅定地放下了那種偏執，說不定會柳暗花明，別有洞天。否則，我們就可能被痛苦糾纏一生。

3 保護好你的懺悔心

> 過則勿憚改。過者，大賢所不免，然不害其卒為大賢者，為其能改也。
>
> ——清人陳宏謀

古語曰：「人非聖賢，孰能無過？」事實上非但是常人，即使聖賢亦不能無過。堯薦舉了舜，而舜曾殺堯之子丹朱。至聖至賢如孔子者，出有「子見南子」的緋聞。

只是聖賢比常人更善改過遷善，所以他顯得比人偉大而英明。清人陳宏謀說：「過則勿憚改。過者，大賢所不免，然不害其卒爲大賢者，爲其能改也。」

妙高禪師是浙江奉化雪竇寺的開山祖師，他在修行的時候非常用功，常常廢寢忘食，然而人的體力終是有限，妙高禪師在打坐的時候時常打瞌睡。為了警惕自己別再瞌睡，妙高禪師就到臨山崖的一邊去打坐，這樣如果他再瞌睡的話就會一頭栽下去，甚至失去性命。

有一天，妙高禪師實在忍不住，又開始打瞌睡了，這下他真的摔下山崖了。妙高禪師以為自己這一次一定沒命了，可是沒想到當他落到半山腰的時候，忽然感覺有人托起他的身體，把他往崖上面送，妙高禪師驚訝地問：「是誰救我？」

「護法韋馱！」那人在空中回答。

妙高禪師心裏就想：沒想到我在這裏修行，還有人為我護法，真不錯！於是他又趾高氣揚的問：「世間還有幾個像我這樣精進修行的人呢？」

韋馱答道：「有恆河之沙數那樣多的人像你這樣修行。因你有這一念傲慢之心，從現在起，我將二十世不再護你的法！」

妙高禪師一聽，頓時慚愧萬分，痛哭流涕，但是很快他就想開了：「我還是在這裏修行我的，也不管他護不護法了。要是修不成，一頭栽下去摔死也算是一種解脫。」

此後，妙高禪師依然坐在山崖邊上修行。沒過多久，他又打開始瞌睡，並一頭栽了下去。妙高禪師認為這次自己真的沒命了，然而就在他快落地的時候，又有人托著他把他送了上去。

妙高禪師不解地問：「是誰救我？」

「護法韋馱！」

「你怎麼又來了？不是說二十世不來護我的法？」

韋馱回答說：「因為你那一念慚愧心起，消去了二十世的傲慢心。」

的確，堂堂正正地承認自己的錯誤，表示自己悔改的意向，非但不會因暴露醜惡而使自己失面子，反而會因爲你的坦率、誠實而引起人們對你的敬佩和尊重。應該說，一個人只有具備了改過遷善的能力，他才可以算是一個有自我意識的人，一個在完整意義上精神健全的人。就像一個人的肌體假如是健康而正常的話，也必定會具備吐故納新、自我調節的功能一樣。

例如，有的人患了肺部感染症後並不自知，到檢查身體時，醫生告訴了他曾患過肺病，已經自癒，肺部的鈣化點證明了這部分肌體是如何運用自己的力量奮力防禦，保護了自己不受侵蝕。而人體各部分小傷的康復力量完全依靠肌肉組織自癒的例子，更是日常生活中司空見慣的了。

改過遷善，正是與此有同等意義的人精神上的自我調節功能。一個精神、心理健康的人，必定是一個善於自我調節行為的人。聖人是由不憚改過而造出來的這個觀點，可以說是一個真理。所以，人們不要怕自己犯錯誤，也不要為自己老是後悔而煩惱。

當一個人感覺到有愧於心時，其實他應該是絕對無愧的，因為他精神上的「自愈組織」正在戰勝「病毒」而取得優勢。因此，怕就怕一個人不肯運用這種調節功能，不肯作自我譴責。古人云，過而不改，是謂「過」矣。改過遷善，是任何人、在任何時候都可以而且必須遵守和施行的原則。

4 看淡名利心

> 爭名奪利幾時休，早起遲眠不自由，騎著驢騾思駿馬，官封宰相望王侯。只愁衣食耽勞碌，何怕閻君就取勾。繼子蔭孫圖富貴，更無一個肯回頭。
>
> ——吳承恩《西遊記》

弘一法師說：「貪心似乎就是與生俱來的。大多數人活著都在追求物質，貪圖利益，擁有了還想有，得到了還盼望，破的換成新的，新的換成時尚的，又想換成高檔尊貴的，一換再換，一新再新，人心總是不知道滿足的，欲望總是會隨著你的所得變得越來越大，有一句話說

得好：人最想得到的，永遠是你還沒擁有的。」

有一個僧人，雖然修行禪道頗下苦功，但始終不得入門，眼看許多比他入門還要晚的師兄弟對禪都能有所體會，他就覺得自己實在沒有資格學禪。於是他心想自己還是做個行腳的苦行僧算了。於是僧人就打點行李，計畫遠行。臨走時便到法堂去向師父辭行。

僧人稟告道：「老師！我辜負您的期望，自從皈投在您座下參禪已有十多年了，可是對禪仍是沒有什麼領悟。我想我實在沒有學禪的慧根，今向您辭行，我將雲遊他方。」

師父非常驚訝地問道：「為什麼沒有覺悟就要走呢？難道到別處就可以覺悟嗎？」

僧人誠懇地再稟告道：「我每天除了吃飯、睡覺之外，都盡心於道業上的修行，但卻遲遲不見成效。反觀那些師兄弟一個個都能有所領悟。在我內心的深處，已經萌發一股倦怠感，我想我還是做個行腳的苦行僧吧！」

師父聽後開示道：「悟，是一種內在本性的流露，是學不來也急不得的。別人是別人的境界，你修你的禪道，這是兩回事，為什麼要混為一談呢？」

僧人道：「老師！您不知道，我跟同參們一比，立刻就有大鵬鳥與小麻雀的慚愧。」

師父裝著不解似的問道：「怎麼樣的大？怎麼樣的小？」

僧人答道：「大鵬鳥一展翅能飛越幾百里，而我只囿於草地上的方圓幾丈而已。」

師父意味深長地問道：「大鵬鳥一展翅能飛幾百里，牠已經飛越生死了嗎？」

僧人聽後默默不語，若有所悟。

爭名奪利本身就是一種痛苦，不僅帶給自己痛苦，也帶給別人痛苦，其實仔細想想，即使自己的錢財再多，到頭來自己能帶走多少？還不是「空手而來，空手而去」？東西再多自己用的也有限。俗語說得好：家有廣廈萬間，不過六尺小床；縱有黃金萬兩，不過一日三餐。

當然，不爭也並不是讓你不去奮鬥，而是要明白凡事有度，萬事隨緣，適可而止。在現實生活中，名譽和地位常常被看作衡量一個人成功與否的標準，所以追求一定的名聲、地位和榮譽，已成爲一種極爲普遍的心態。在很多人心目中，有了名譽和權力才實現了自身的價值。其實，人生的目的，不在於成名、成家與否，而在於面對現實，努力而爲之，去盡情享受生命，細心體驗生活的美好。

人生在世，人人都想活得更好，人們總是在各種可能的條件下，選擇那種能爲自己帶來較大幸福或滿足的活法，學會控制欲望，不爲名譽權力所累，懂得知足常樂，方能品出生命的美好，享受到生活的樂趣。

5 掃除貪、瞋、癡等污穢心

掃地掃地掃心地，心地不掃空掃地，
人人若把心地掃，無明煩惱皆遠離。
掃地掃地掃心地，心地不掃空掃地，
人人若把心地掃，人我高山變平地。
掃地掃地掃心地，心地不掃空掃地，
人人若把心地掃，世間皆成清淨地。
掃地掃地掃心地，心地不掃空掃地，
人人若把心地掃，朵朵蓮花開心底。
——佛教《掃地歌》

佛說：「如果一個人內心有痛苦，那就說明這個人的內心一定有和這個痛苦相對應的惡存在。如果一個人內心已經沒有任何惡，那麼這個人的心靈是根本不會感到痛苦的。」

佛家這裏說的「惡」，並非是指「大奸大惡」的「惡」，也不是指一些違法亂紀的事情，只是指的我們心中有貪、瞋、癡等污穢，便有種種塵勞落下，蒙在心上，讓我們的心透不過氣來。

有一個青年向一位禪師請教：「大師，為什麼像我這樣善良的人還會經常感到痛苦，而那些惡人卻活得好好的呢？」

禪師很慈悲地看著他說：「既然你還經常感到痛苦，說明你內心還有惡存在，還不是純粹的善人，而那些你認為是『惡人』的人，未必就是真正的惡人。」

這個青年不服氣地說：「我怎麼會是一個惡人呢？我一向心地很善良的！」

禪師說：「請你略說一二，我來告訴你，你內心存在著哪些惡！」

青年說：「我的痛苦很多！我有時感到自己的工資收入很低，住房也不夠寬敞，經常有『生存危機感』，因此心裏經常感到不痛快，並希望儘快能夠改變這樣現狀；社會上一些根本沒有什麼文化的人，居然也能腰纏萬貫，我感到不服氣；像我這樣一個有文化的知識份子，每月就這麼一點兒收入，實在是太不公平了；我的家人有時不聽我的勸告……」就這樣，青年向禪師述說了一大堆自己的痛苦。

禪師笑得更加慈祥，和顏悅色地對青年說：「你目前的收入足夠養活你自己和你全家，你們全家也有房屋住，根本不會流落街頭，只是面積小了一點兒而已，你完全可以不必為這些痛苦的。可是，因為你內心對金錢和住房有貪求心，所以就有苦。這種貪求心就是惡心，如果你已經將內心的這種貪求惡心去除了，你就根本不會因為這些而痛苦。」

「社會上一些根本沒有文化的人發財了，你感到不服氣，這是嫉妒心，嫉妒心也是一種惡心；你認為自己有了文化，就應該有高收入，這是愚癡心，因為有文化根本不是富裕的因，前世佈施才是今世有錢的原因。愚癡心也是一種惡心！」

「你的家人不聽你的勸告，你感到不舒服，這是沒有包容心。雖然是你的家人，他們卻有自己的思想和觀點，為什麼非要強求他們的思想和觀點與你一致呢？不包容就會心量狹隘，這是狹隘心，心量狹隘也是一種惡心！」

上文中的青年一直以爲自己是一個很善良的人，直到現在，才知道因爲內心有種種「惡」，所以才有種種苦。

佛家認爲，貪求心也好，嫉妒心也好，傲慢心也好，愚癡心也好，心量狹隘也好，這些都是「惡」心。因爲你的內心存在著這些「惡」，所以你就有和這些惡相對應的痛苦存在。如果你能將內心的這些惡徹底去除，那麼你的那些痛苦也會煙消雲散。

所以我們要「自己動手，主動清理」，調整自己的心態，抛卻那些對我們不利的「惡」心，掃掉心裏積壓已久的塵埃，讓心接觸到這個世界。

6 去除不必要的猜疑心

疑心是人最大的毛病，佛經裏面講：貪、瞋、癡、慢、疑、邪見是六個根本煩惱，把這六個根本煩惱化掉，就能夠成道正果。

——淨空法師

《三國演義》中有這樣一段描寫：曹操刺殺董卓事情敗露後，與陳宮一起逃至呂伯奢家。曹呂兩家是世交。呂伯奢一見曹操到來，本想殺一頭豬款待他，可是曹操因聽到磨刀之聲，又聽說要「縛而殺之」，便大起疑心，以爲要殺自己，於是不問青紅皂白，拔劍誤殺無辜。

這是一齣由猜疑心理導致的悲劇。猜疑是人性的弱點之一，一個人一旦掉進猜疑的陷阱，必定處處神經過敏，事事捕風捉影，對他人失去信任，對自己也同樣心生疑竇，損害正常的人際關係，影響個人的身心健康。

古時候，商鞅覺得當時的民眾對於政府沒有信心，總是心存懷疑，所以商鞅立木為信，下了一道命令：哪個人能把木頭從東門搬到西門，就給他一千兩黃金。民眾

聽了，心中都在懷疑。結果，有一個人站出來，把東門的木頭搬到西門，果然政府就給他一千兩黃金！於是，當時全國的民眾，對於秦國都產生了很大的信心，後來秦國的政策，就能推行得很順利，很快地成為一個強國。

淨空法師講過一個故事，在印度有一個新樂山，傳說這個新樂山是羅剎鬼居住的地方，羅剎鬼專吃人血。所以聽到新樂山大家都心生恐懼，這新樂山就等於四川的「酆都」城一樣，被稱為鬼城，新樂山傳說也是這麼恐怖。

有一年，在印度大天干這個縣裏，有一個戲班子為了謀生，就把戲班子所有的人遷到鄰縣去演戲，他們背起所有的道具趕路，路中要經過新樂山。大家因為恐慌，從下午就開始倉倉皇皇地趕路，到天黑了，一看還在新樂山上，糟了，還在羅剎鬼居住的山上。怎麼辦呢？一般人認為鬼是怕火的，於是就到山上撿一些乾柴、乾樹枝起火，圍成一圈烤火休息。到了晚上，天氣有些冷，戲班子裏有一位團員，由於感冒、又加上趕路，身體更加虛弱，覺得冷得不得了，於是就要找衣服來穿。由於晚上天黑看不清楚，摸黑就找到一套他們演羅剎鬼的衣服披到身上，他也不知道，帽子也戴到頭上，跟著大家一起烤火休息。

過了一段時間，忽然戲班子的團主醒了一看，糟了！怎麼羅剎鬼來了？就大吼說：「羅剎鬼來了趕快走啊！」所有的人嚇得不得了，拔起腿來就跑，這個穿羅剎鬼戲袍的人聽到羅剎鬼來了，也不知道自己穿的就是羅剎鬼的衣服，也跟在後面跑，前面的人回頭一看，以為是真的羅剎鬼追來了，拚命地往前衝。一直跑到天亮了，大家一看！才知道虛驚一場，才知道是自己嚇自己，其實根本就沒有羅剎鬼。

法師認爲：「我們每一個人，在一生當中多半都是自己嚇自己，假的當作真的，虛驚一場！在佛法來講，這個故事提醒我們，人如果沒有般若智慧，把假的當作真的，受苦的就是自己。所以，我們要去除這個假像，心不生疑。要堅持這個真實性，有兩種方法，一是用我們的般若智慧，一是安住我們的正念。就是師父在說法，大眾聽法這念心，這念心清清楚楚、明明白白，不想過去，不想現在，不想未來，當下這個心要處處做主、如如不動，安住這念心，就稱爲活在當下，這一念心就是如來妙心。悟到這個道理，開悟了，安住在這念心上，也就不會再疑東疑西，我們人生就會越來越有意義。」

7 勿忘初心，始得善終

真的懂自我省視的人，是沒有閒工夫去管別人如何的。

——長沙禪師

佛家認爲，一切皆由「心」起，心念對了，人生就對了。心若改變，態度就跟著改變；態度改變，習慣就跟著改變；習慣改變，性格就跟著改變；性格改變，人生就跟著改變。

有四個和尚一起參加禪宗的「不說話修煉」，在四人當中，除了一個小和尚道行較淺外，其他三人都是道行較高的。

在這個「不說話修煉」的過程中必須點燈，這項任務理所當然就由道行最淺的小和尚負責了。修煉開始後，四個和尚圍繞著那盞燈，盤腿打坐，進行修煉。幾個小時過去了，四人都沒有出聲。當然了，他們都在進行「不說話修煉」，沒有人說話算是正常現象。

然而，油燈中的油卻越燃越少，眼看油燈就快要燃完了，負責管燈的小和尚看到這種情況後，心中十分著急。就在這個時候，突然一陣風吹來，燈火幾乎就要熄滅了。

管燈的小和尚忍不住大叫道：「糟了！火馬上就要熄滅了。」

聽到小和尚的喊叫聲，另一個和尚立刻斥責他說：「你不知道我們在做『不說話修煉』嗎？你叫什麼！」

第三個和尚聽到後，又氣憤地罵第二個和尚說：「你不也開口說話了嗎？真是太不像樣了！」

而道行最高的第四個和尚仍然在那裏閉目靜坐。可是沒過多久，他就睜開眼睛，傲慢地看了其他三個和尚一眼，然後自豪地說道：「只有我沒說話。」

三個「得道」的和尚在指責別人「說話」的同時，自己也不知不覺地犯了「說話」的錯誤。就這樣，只是爲了一盞燈，四個參加「不說話修煉」的和尚，先後都開口說話了。這說明，一個人一旦被外物所擾，就很容易忘記自己最初的目的。

有個老魔鬼看到人間的生活太幸福了，他說：「我們要去擾亂一下，要不然魔鬼就不存在了。」

他先派了一個小魔鬼去擾亂一個農夫。因為他看到那農夫每天辛勤地工作，可

是所得卻少得可憐，但他還是那麼快樂，非常知足。

小魔鬼就開始想，要怎樣才能把農夫變壞呢？他就把農夫的田地變得很硬，讓農夫知難而退。

那農夫敲半天，做得好辛苦，但他只是休息一下，還是繼續敲，沒有一點兒抱怨。小魔鬼看到計策失敗，只好摸摸鼻子回去了。

老魔鬼又派了第二個去。第二個小魔鬼想，既然讓他更加辛苦也沒有用，那就拿走他所擁有的東西吧！

那小魔鬼就把他午餐的麵包跟水偷走，他想，農夫做得那麼辛苦，又累又餓，卻連麵包跟水都不見了，這下子他一定會暴跳如雷！

農夫又渴又餓地到樹下休息，想不到麵包跟水都不見了！「不曉得是哪個可憐的人比我更需要那塊麵包跟水？如果這些東西能讓他得溫飽的話，那就好了。」又失敗了，小魔鬼棄甲而逃。

老魔鬼覺得奇怪，難道沒有任何辦法能使這農夫變壞？就在這時第三個小魔鬼出來了。他對老魔鬼講：「我有辦法，一定能把他變壞。」

小魔鬼先去跟農夫做朋友，農夫很高興地和他做了朋友。因為魔鬼有預知的能力，他就告訴農夫，明年會有乾旱，叫農夫把稻種在濕地上，農夫便照做。結果第二年別人沒有收成，只有農夫的收成滿坑滿谷，他就因此而富裕起來了。

小魔鬼每年都對農夫說當年適合種什麼，三年下來，這農夫就變得非常富有。

他又教農夫把米拿去釀酒販賣，賺取更多的錢。慢慢地，農夫開始不工作了，靠著經濟販賣的方式，就能獲得大量金錢。

有一天，老魔鬼來了，小魔鬼就告訴老魔鬼說：「您看！我現在要展現我的成果。這農夫現在已經有豬的血液了。」只見農夫辦了個晚宴，所有富有的人都來參加；喝最好的酒，吃最精美的餐點，還有好多的僕人侍候。他們非常浪費地吃喝，衣裳零亂，醉得不省人事，開始變得像豬一樣癡肥愚蠢。

「您還會看到他身上有著狼的血液。」小魔鬼又說。這時，一個僕人端著葡萄酒出來，不小心跌了一跤。

農夫就開始罵他：「你做事這麼不小心！」「唉！主人，我們到現在都沒有吃飯，餓得渾身無力。」

「事情沒有做完，你們怎麼可以吃飯！」

老魔鬼見了，高興地對小魔鬼說：「唉！你太了不起！你是怎麼辦到的？」

小魔鬼說：「我只不過是讓他擁有的比他需要的更多而已，這樣就可以引發他人性中的貪婪。」

這雖然是個故事，道理淺顯易懂，但現實生活中能夠抵擋住誘惑、控制住貪欲、堅守住最

初的簡單善良之心的有幾人？近兩年來，反腐力度加大，高官紛紛落馬，看看哪一個不是有聰明頭腦、歷經百戰、有過出色政績的人才？爲何卻沒能躲過簡單赤裸的美女關、金錢關？歸根結底，是沒能處處抑制住自己的貪心，沒能時時摸摸自己的良心，沒能常常回想最初的衷心。

唐代慧宗禪師經常雲遊各地，一次臨行前他囑咐弟子看護好他酷愛的數十盆蘭花。可入夜後，弟子們忘了往屋裏搬蘭花，也偏巧那一夜狂風大作，盆破花毀，狼藉滿地。幾天後，禪師返回寺院，眾弟子準備受罰。

可得知原委後，禪師神態自若，依然平靜安詳。他對弟子們說：「當初，我不是為了生氣而種蘭花的。」

這句話不光讓他的所有弟子徹悟，也讓千年之後的我們同樣受益匪淺。當你擁有更多時，請別忘記你最初的那顆簡單純潔的心，幸福就是堅守這顆簡單的心。

下篇

雨天　跟老莊學想得開

第七章 看自己——「勝人者有力，自勝者強」

有些人做事，可能只是順著他的本能或者社會的風俗習慣，而對所做的事並不明白或者不太明白。這種「自然」並非道家那個自然，而是指混沌、盲目、原始，那些人云亦云、隨波逐流的人就是這種人。

1 戰勝自己才是真正的強者

勝人者有力，自勝者強。
——《道德經》第三十三章

能戰勝別人的人，是有力的人；能戰勝自己的人，才是真正的強者。

老子認爲的「勝人者有力，自勝者強」，撥雲見日般地指出了人們在生活中經常失敗的根源所在——不能勝己。

如果說影響人生成功最大的障礙是客觀因素，那麼，那些白手起家的企業家、那些身處困境而大有作爲的人就不會在歷史中存在。細心體味，影響人生成功的最大障礙應該與老子說的不謀而合——自己。

人生雖然面對著各種各樣的艱難困苦，但是這些困苦並不能使那些擁有堅強意志、堅信自己能夠成功的人俯首稱臣。相反，這些人利用堅強的意志克服了物質甚至生理上的障礙，揭開了自己人生光輝的篇章。

有一位老師，他帶領的班級在學校所有的競賽中總是名列前茅，有人向他取經，他走到黑板前寫下兩個大字：「不能。」然後問全班同學：「我們該怎麼辦？」學生們馬上異口同聲地大聲回答：「把『不』字擦掉。」是的，這就是答案了，擦掉「不」字，「不能」就變成「能」了。

不僅僅是這些學生，即使成人也需要這樣的教導。必須隨時提醒自己，把「不」字去掉，只有「能」，這就是獲勝的秘訣。如果「不能」這兩個字在心中紮根，最終你會發現，即使是你擅長的事，也會在激烈的競爭中敗下陣來。

一個人生活在世上，要面對的東西有很多，煩惱、朋友、敵人……在對外界事物應對自如的時候，我們往往忽略了一個最重要的對手——自己。於是有了這樣一個難題：有人能輕易打敗敵人，卻不能戰勝自己。

一位正在上大學的年輕人忽然發現，大學的教育制度存在許多弊端，便馬上向校長提出。他的意見沒被接受，於是他決定自己辦一所大學，自己當校長來消除這些弊端，讓教育體制更適合學生們的發展。

話說起來簡單，然而辦學校至少需要一百萬美元。上哪兒去找這麼多錢呢？等這位年輕人畢業後去掙，那太遙遠了。

於是，這位年輕人每天都在寢室內苦思冥想如何能有一百萬美元。同學們都認為他有神經病，做夢天上能掉錢。但年輕人不以為然，他堅信自己可以籌到這筆錢。

終於有一天，他想到了一個辦法。他打電話到報社，說他正在籌備一個演講會，題目叫《如果我有一百萬美元怎麼辦》，想讓報社給予支持。報社被這個異想天開卻創意獨特的想法打動了，決定在報紙上給這位有創意的年輕人以支持。

在一切準備就緒之後，演講會如期舉行了，他的這一演講吸引了許多商界人士的參與。面對台下諸多成功人士，年輕人在臺上全心全意、發自內心地說出了自己的構想。

當演講結束以後，一位叫菲立普．亞默的商人站了起來，說：「年輕人，你講得非常好。我決定給你一百萬，就照你說的辦。」

就這樣，年輕人用這筆錢辦了亞默理工學院，也就是現在著名的伊利諾理工學院的前身。而這個年輕人就是後來備受人們愛戴的哲學家、教育家岡索勒斯。

年輕時候的岡索勒斯並沒有因爲別人的譏諷、資金的缺乏而放棄自己的夢想。相反，他擁有了堅定的信念，積極地思考解決方法，最終獲得了人生的成功。可以說這也是勝己者的成就。

古人云：「勝己者贏天下。」對於現代人來說也是如此，好吃懶做的思想令人眼高手低；意志薄弱的心理令人淺嘗輒止。如果人們能夠體會到老子「自勝者強」的智慧，切實地戰勝自己的懶惰，堅強自己的意志，那麼任何人都不會再像從前一樣只能感受失敗的苦果，而是能面露微笑地品味成功的甘甜了！

俗話說：「困難像彈簧，你弱它就強。」我們每走一步都會遇到困難，感受到困難的威脅和壓力。如果我們一味退縮，困難就會變大……直至我們主動放棄，這樣的結果只有一個：失敗。相反，如果堅信了「贏」的力量，讓成功的渴望戰勝困難的恐懼，困難就會越來越縮小，只要我們去做就能克服，就能成功！

2 巧妙而適度地推薦自己

有之以為利，無之以為用。

——《道德經》第十一章

擁有它就要利用它，如果還沒有也要間接使用。任何東西「有」才有用，「沒有」就沒用。利從有出，要善做交換。

在求職過程中，你不僅應該是一個偉大的製造商，善於生產社會最需要的產品，而且還應是一個偉大的推銷員，善於使人認識和接受自己的產品，把自己「推銷」出去。

很多人由於傳統觀念根深蒂固，有一種極其矛盾的心態和難以名狀的自我否定。在自尊心與自卑感衝撞下，他們一方面具有強烈的表現欲，另一方面又認爲過分地出風頭是卑賤的行爲。但在競爭激烈的今天，想做大事業，必須放棄那些不痛不癢的面子，更新觀念，大膽地推薦自己。

常言道：「勇猛的老鷹，通常都把牠們尖利的爪子露在外面。」巧妙而適度地推薦自己，是變消極等待爲積極爭取、加快自我實現的不可忽視的手段。精明的生意人，想把自己的商品推銷出去，總得先吸引顧客的注意，讓他們知道商品的價值。要想恰如其分地推銷自己，就應當學會展示自己，最大限度地表現出自己的優勢。給人生的每個階段一個合理的定位，然後信心十足地爲自己創造全方位展示才能的機會。

對於一個剛剛畢業的大學生來說，一定要學會推銷自己。如果你和其他同期畢業生一樣，只會散發履歷表，墨守成規地做事，絕不會有什麼出人意料的結果。如果你想短期內就有好消息，你就必須另闢蹊徑，敢於推薦自己。對於那些已經工作並有了一定事業基礎的人來說，建立一個受公眾歡迎的形象是一種長期投資，對事業的長遠發展具有不可估量的價值。其中，採用主動引起他人關注的方法就是一種捷徑。

我們之所以要主動推薦自己，引起別人的關注，主要是因爲機遇是珍貴的、可遇不可求的、稍縱即逝的，如果你能比同樣條件的人更爲主動一些，機遇就更容易被你掌握。因此，主動出擊是俘獲機遇的最佳策略。另外，世界上總是伯樂在明處，「千里馬」在暗處，並且「千里馬」多而伯樂少。伯樂再有眼力，他的精力、智慧和時間都是有限的，等待可能會耽誤你的一生。

既然我們都知道「守株待兔」的行爲是愚蠢的，那麼我們就不應該坐等「伯樂」的出現，而應該主動尋找伯樂。更值得注意的是，時代在前進，歲月不饒人，隨著新人輩出，每個立志成才者都應考慮到自己所付出的時間成本。一次機遇的喪失，便可導致幾個月、幾年甚至是一輩子年華的錯位。明白了這個道理，我們就會有一種緊迫感，在行動上更多幾分主動，以便有更多的機會，使更多的人來注意自己。

但是，毛遂自薦對很多人來說並不是一件容易的事情，這是需要一定的膽識和勇氣的。不自信的人、害怕失敗的人是不敢嘗試的。只有具備勇氣的人才能獲得成功。

世界歌王帕瓦羅蒂到中國來的時候，去北京中央音樂學院做訪問。學生都在爭取機會，以求得在這位歌王面前一展歌喉。要知道，這可是一個難得機會，哪怕是得到歌王的一句肯定，也足以引起中外記者們的大力宣傳，從而加快自己在歌壇發展的步伐。

在學院的一間教室裏，帕瓦羅蒂正耐心地聽學生演唱，不置可否。正在沉悶之時，窗外有一男生引吭高歌，唱的正是名曲《公主徹夜未眠》。聽到窗外的歌聲，帕瓦羅蒂的眉頭舒展開了說：「這個學生的聲音像我。」接著他又問校方陪同人員說：「這個學生叫什麼名字？我要見他！並收他做我的學生！」

這個在窗外唱歌的男孩就是從陝北山區來的學生黑海濤。以他的資歷和背景，難有機會見到帕瓦羅蒂，他只能憑藉歌聲推薦自己。

後來，在帕瓦羅蒂的親自安排下，黑海濤得以順利出國深造。一九九八年，義大利舉行世界聲樂大賽，正在奧地利學習的黑海濤又寫信給帕瓦羅蒂。於是，帕瓦羅蒂親自給義大利總統寫信，推薦他參加音樂大賽，黑海濤在那次大賽上獲得名次。黑

海濤憑著他那敢於推薦自己的勇氣和不斷努力的精神，在他的音樂道路上取得了非凡的成就，現在黑海濤是奧地利皇家歌劇院的首席歌唱家。

這似乎是一個奇蹟，但這個成功的例子也足以讓一些懷才不遇的人沉思：機遇稍縱即逝，善於推薦自己很關鍵。著名數學家華羅庚也曾說過：「下棋找高手，弄斧到班門。」他認爲，應敢於在能人面前表現自己，敢於和高手「試比高」。當他在鄉鎮小店裏自學時，就敢於對大數學家蘇家駒的理論提出質疑。正是憑藉這種可貴的精神，他早早闖進了數學王國的神秘宮殿。

機會可遇不可求，機會在很多時候是由我們主動爭取的，那些不敢也不願意推薦自己的人，往往會與機會失之交臂。所以，如果你是一個真正有才華、有特長的人，關鍵的時候大可不必過分「壓制」自己，要適時做好自我推薦，以求得發展的機遇。

3 學會「忘我」

吾所以有大患者，為吾有身。及吾無身，吾有何患？故貴以身為天下，若可寄天下。愛以身為天下，若可托天下。

——《道德經》第十三章

我們總是愛顧自身。但如果我們沒有自身，那麼我們還有什麼憂患？所以，難得的是化自我於天下，那就可以把天下寄託給他。真正善愛自身是以自身化及天下，那才可以將天下的重任託付於他。

愛惜自己是本能，誰不願意顧自身安危得失呢？當遇到危險的時候，首先考慮的就是自己的安危。明哲保身、趨利避害已經成了大多數人的習慣。老子曾告訴我們一個事實，那就是很多事情不是因爲人們做不了，而是考慮自己太多了。例如，在突然遭到自然災害的時候，官員們該怎麼辦呢？是需要先開倉放糧，救濟災民，還是先上報，等候旨意下達？更多人怕是會選擇後者，若是自己私做主張，不但頭上的烏紗帽沒了，恐怕身家性命也難保。也有少數人會選擇前者，他們認爲，老百姓的安危是主要的，至於自己的烏紗帽保得住保不住是無所謂的事

情。心繫天下，以天下蒼生百姓爲托，以國家爲托，那才是真正的大丈夫。因此，大家都盼望那種以身寄天下的情操。

南宋時期著名的愛國將領文天祥就是這樣一位以身寄天下、寄國家的人。他出生於江西吉安的一個書香門第。當時，昏聵無能的南宋朝廷給他幼小的心靈烙了很深的印記，國家局勢一天比一天危急，文天祥自小就樹立了報國救民的宏偉志向，並立志成為一個頂天立地的人。

很小的時候，他就在父親的教導下讀書。一次，父親指著窗外的綠竹對他說：「那竹葉在凜冽的寒風中也沒有凋落，它們依舊翠綠，是多麼堅強呀！做人不也應該是這樣嗎？」文天祥似乎聽懂了父親的話，睜著大眼睛，不住地點著頭，暗暗下了決心。從此以後，他讀書更加勤奮了。

功夫不負有心人，文天祥在科舉考試中奪得頭魁，高中狀元，立刻當了官。但是，當時的元軍對南宋發動了曠日持久的戰爭。元軍的鐵騎橫行南下，所到之處，殺人放火，大肆搶掠，給老百姓造成了巨大的災難。南宋統治者們面對元軍只是一味退縮，貪生怕死，再也不敢抵抗。元軍一路南下，直指都城臨安。窮困無奈的南宋統治者只好讓各地的官兵去保衛京城，保衛那位不爭氣的皇帝。

當時文天祥正在江西贛州做知府，當聽到國家危急的消息後，非常難過地對人說：「現在國家有難，該是為國家效命的時候了。」但是，我們都知道，文天祥只不過是一個文官，他手下沒有一兵一卒。為此，他變賣家產，換作軍費招兵買馬。當地的老百姓都被文天祥的舉動感染了，紛紛為國參戰。幾天工夫，一萬多人的兵馬就要奔赴前線了。當時很多人也在勸他，現在元軍來勢兇猛，你帶的這些兵，大多是新兵，還沒有經過訓練，更不會打仗，怎麼能抵擋得住呢？你不是白白送死嗎？文天祥意志堅定地說：國家有難，沒有人出力。現在我拚著一死，為國家出力，那就是寄望於天下人都能這樣呀！要是天下人都這樣，國家的安危不就有希望了嗎？文天祥早就把生死置之度外，帶著隊伍，連夜趕往京城。

沒有料到的是，文天祥剛到臨安不久，朝廷就決定投降，當時的丞相貪生怕死，早就逃得沒有蹤影了，朝廷沒有辦法只得派文天祥做丞相去與元軍談判。

文天祥肩負重任，來到元軍大營。元大臣伯顏威風十足地坐在營帳中，旁邊的人大聲喊著讓文天祥跪下，但是文天祥冷笑著，依舊筆直地站立在那裏，鎮靜地說：「說投降，那是前任丞相的事情，我一點兒都不知道。我現在作為宋朝的使臣，是來談判的，不是來投降的！不能下跪！」伯顏見文天祥一身正氣，凜然不可侮，立刻換了口氣，說：「說得對，可以商量的。」文天祥就問：「你們打算滅了大宋呢，還是打算將它作為一個鄰國？」伯顏假仁假義地說：「不滅宋，也不會殺百姓。」

「既然如此，你們先撤軍，然後再談判。你們若是想滅掉宋朝，那麼我們大宋

子民那麼多，打起來誰勝誰負還說不準呢。」

伯顏一聽大怒：「你現在我手中，難道你不怕死嗎？」文天祥昂然說：「我就是想以死報國，即使你把刀放在我的脖子上，將我放在油鍋裏，也嚇不倒我！」伯顏被文天祥的氣概鎮住了。他佩服文天祥的膽量與勇氣。但是伯顏說不過文天祥，只得將之扣押在元軍大營。此時的南宋朝廷已經向元軍投降了，一部分官員就被押到北方。文天祥也被押上大船，但是在途中卻設法逃了出來。

文天祥逃出來以後，就領導各地的起義軍開始了抗元的鬥爭。他轉戰各地，打了不少勝仗，但是元軍畢竟太強大了，宋朝的軍隊太過軟弱，不久文天祥就又成了元軍的俘虜。

當元軍押著文天祥到達崖山，準備攻打宋軍最後的領地時，元軍要他勸張世傑投降，文天祥勃然大怒：「救國如同救自己的父母。我救父母沒有救成，難道還能讓別人背叛自己的父母嗎？」當船隊經過零丁洋的時候，文天祥站在船頭望著大海，思緒萬千，心中的悲憤之情勃然湧起，寫下了千百年來眾口相傳的《過零丁洋》。

南宋滅亡了，文天祥被押送到了元大都，被關進了大牢。儘管元朝統治者百般威逼利誘，他都斷然拒絕了。元朝丞相孛羅審問他，文天祥昂首挺胸，拒絕下跪。孛羅命令左右的人硬是把他按倒在地。孛羅問他還有什麼話說。文天祥坦然地只求一死。並說道：「國家存在一日，身為臣子的就要盡一份力！」因此，文天祥就在牢裏蹲了四個年頭。

元世祖忽必烈親自召見文天祥的時候，勸他說：「我知道你是一個人才，所以不忍心殺你。只要你用對待宋朝的心來對待我，我就封你為宰相。」文天祥不為所動：「我是宋朝的子民，宋朝亡了，就應該盡忠！只求一死！」元世祖沒有辦法說服這位宋朝的遺民，只好下令殺了他。

一二八三年一月九日，文天祥被押赴刑場，臨刑前他向南方原來宋朝的土地凝望了一會兒，然後跪在那裏，恭敬地拜了幾拜，向宋朝深情地告別。之後就走上了刑場，死時只有四十七歲。儘管文天祥死去了，但是他那種一心為國、將生死置之度外的精神一直激勵著後人，那盪氣迴腸的《正氣歌》廣為傳頌，歷久彌新。

大凡在歷史上被稱道的人，抑或有高尚的情操，抑或有不凡的言行。文天祥那種忘了自己的精神，始終在後人心中。這就是老子所說的以身爲天下、以身報天下、以身托天下的高尚情懷。

明末清初詩人鄧漢儀有這樣一句詩：「千古艱難惟一死」，一個人連身死這樣的事都放下了，還有什麼比這更艱難的呢？當然，在現代社會中，一般不需要人們像前人那樣付出生命的代價去做什麼事情。但是，老子所說的道理並沒有過時，它提醒我們，在爲人處世的時候，少考慮一點兒自己，多從大局著想，「以身爲天下」，這樣的人才能託付重任。至少，在不順利

的時候、在遭遇挫折的時候，也應該保持沉穩，不過分計較自身的得失。只有這樣，才能不斷感動周圍的人，也讓自己有東山再起的機會。

4 自知之明比才華更重要

天地不仁，以萬物為芻狗；聖人不仁，以百姓為芻狗。天地之間，其猶橐籥乎？虛而不屈，動而愈出，多言數窮，不如守中。

——《道德經》第五章

天地沒有仁慈，它對待萬物如同對待稻草狗。聖人沒有仁慈，它對待百姓如同對待稻草狗。天地之間，難道不正像那種風箱嗎？它空虛但並不匱乏，風就連續不斷地冒出。講話太多就會窘困，不如將一切深藏於內心。

自我感覺良好的人常常會陷入自我膨脹當中。我們每個人都需要有一技之長才能更好地活在這個世界上，在一些方面的特殊才能使我們形成了獨特的風格和個性，人生也變得更加精彩，這是我們引以爲榮的。但是，請記住，山外有山，人外有人，別把自己太當回事，如果總是恃才傲物、目中無人、自以爲是，那麼很有可能是搬起石頭砸自己的腳。

新加坡淡馬錫控股公司的首席執行官何晶，爲人很低調。她從不接受採訪，即使在公開場合講話，也很少回答人們的提問。在與何晶共事過的人們眼中，她是一個精明能幹、思維敏銳的人，也是一個不願被媒體曝光的商業女強人，但不爲人知的是，何晶還是新加坡總理李顯龍的夫人。

作為新加坡的第一夫人，何晶卻喜歡樸素裝扮，她經常留著一頭短髮。當記者問她為什麼這麼低調時，何晶講了一個寓言故事：兩隻大雁與一隻青蛙同在一個池塘裏，池塘的水越來越少，於是大雁決定飛回南方。大雁對青蛙說：「要是你也能飛上天多好呀，我們還可以經常在一起。」青蛙靈機一動：牠讓兩個大雁銜住一根樹枝，然後牠自己用嘴銜住樹枝中間，一起飛上了天。地上的青蛙們都羨慕地拍手叫絕。這時有人問：是誰這麼聰明？那隻青蛙生怕錯過了表現自己的機會，於是大聲說：「這是我想出來的……」剛一張口，話還沒說完，牠便從空中掉下來了。

邁茲納曾有一句名言：不要把自己看得太重要，沒有你，事情一樣可以做得好。不要把自己太當回事，坦誠而平淡地生活，沒有人把你看成是卑微、怯懦和無能的。如果你老是把自己當作珍珠而四處炫耀，那麼就時時有被淹沒的危險。

很多時候，我們遠不像自己想像的那般重要，那樣受人關注。把自己看輕一點，把自己放

得輕鬆點，就能解決很多問題，而不是陷入無盡的煩惱與痛苦之中。

即使你真的非常優秀，非常了不起，也請你不要自我膨脹。無論你從事著什麼行業，過著怎樣的生活，都不過是一個人。即使自己能翻手爲雲，覆手爲雨，也不要把自己太當回事。因爲許多事情都是一時的、短暫的，如果你把自己太當回事，可能有一天你會變得什麼也不是。自我膨脹就像是在吹氣球，誰都希望氣球變大，但是吹入的氣體過多就會爆裂。

如果能對人生有清醒的認識，對自己有足夠的瞭解，客觀而公正地對待，方能從容地面對激烈的競爭，在生活的每一天都收穫欣慰的笑容和真正的快樂。

孔子問子貢：「你跟顏回誰更博學一點？」子貢回答：「我怎能和顏回相比？他能夠以一知十；我聽到一件事，只能知道兩件事。」子貢有沒有顏回博學這個並不重要，可是子貢的自知之明卻深得孔子欣賞，這種明智使他勇於誠心看待自己，這份從容更是胸襟寬闊的表現。正是這一種獨特的人格魅力使子貢傳之千古。

哲學家認爲，誠實地向自己展開自己，這是人生一道優美的風景線。沒有自知之明，就好像「目不見睫」，我們的眼睛可以看見遠處的東西，卻看不見自己的睫毛。懂得自知之明是一種智慧，而沒有自知之明的人，便是最大的愚昧。

螞蟻的力量是眾所周知的。但是有一隻螞蟻，力氣大得不得了，自開天闢地以來，像這種螞蟻大力士還沒有出現過。力氣大到可以毫不費力氣地背上兩粒麥子；牠的勇氣也是別的螞蟻所沒有的，牠能像老虎鉗似的一口咬住蛆蟲，而且常常單獨和蜘蛛作戰並且獲得勝利。很快牠就在蟻塚之內聲名大盛，牠成為了蟻族的驕傲和大家的偶像。

出名後的牠變得有些飄飄然，讚美頌揚的話每天都不絕於耳，牠開始不滿足於現在的局面，牠想進城獲得人類和其他動物公認的大力士稱號，於是有一天牠爬上最大的運糧食的車，坐在趕車的人身邊，驕傲得像個大王。

但是這隻螞蟻的滿腔激情在進城的一剎那就被澆了冷水。牠滿以為人們會從四面八方趕來迎接牠，可是牠發覺大家根本不理會牠。牠大喊著：「喂喂喂，你們快來看看我，我是螞蟻中力氣最大的！」但是大家都在忙自己的事情，根本就聽不到這微小的吶喊。這隻螞蟻找到一片樹葉，在地上把樹葉拖呀拖的，牠靈活地翻筋斗，敏捷地跳躍，可是依然沒有人注意到牠。牠頹敗地抱怨道：「人類真是愚不可及！我表現了種種武藝，怎麼就沒有人來給我掌聲、誇讚我呢？如果人類上我們這兒來，他們就會知道，我在全蟻塚是赫赫有名的大力士。愚蠢！人類簡直太愚蠢了！」

蠢才不是蠢在沒有才華，而是沒有自知之明。世界之大，就應該客觀地看清自己，知道自己的優劣，就像這隻螞蟻覺得自己名揚天下，卻也僅限蟻族而已。我們應該對自身的價值有清醒的估量，明確自己的人生觀，對自己有個清晰的認識。

人人都喜歡聽好話、讚美的話，很多時候聽到類似這樣的話，沒有自知之明的人根本就不在乎它是奉承話或是謊言，只要自己聽著舒服便信以為真，飄飄然起來，真的覺得自己像別人說的那麼厲害、那麼偉大，卻不知別人說這些話的目的也許是讓他放鬆戒備，也許是從心理上摧垮他，也許是討好他有求於他。

在《戰國策．鄒忌諷齊王納諫》中鄒忌就很有自知之明，聽到了妻子妾室和客人的讚美卻沒有被這些吹捧衝昏頭腦，他說：「妾之美我者，畏我也；客之美我者，欲有求於我也。」這些好話並沒有使鄒忌真正覺得自己比徐公美，而是聽了這些話之後清晰地知道他們讚美自己的意圖。這是很多人做不到的。

要真正瞭解自我，就必須換一個角度看自己。

首先，要「察己」。客觀地審視自己，跳出自我，觀照自身，如同照鏡子，不但看正面，也要看反面；不但要看到自身的亮點，更要覺察自身的瑕疵。包括對自己的學識能力、人格品質等進行自我評判，切忌孤芳自賞、妄自尊大。

其次，要不斷完善自我，有則改之，無則加勉。須知道天外有天，人外有人；尺有所短，寸有所長。

古人云：「吾日三省吾身。」也就是說，人的自知之明是來源於自我修養和自我醒悟。因爲自省而不受言語的紛紛擾擾，因爲自省而比任何人知道自己擅長什麼和什麼地方不足，也就避免了因爲沒有自知之明而鬧出的笑料。

所以我們只有真正瞭解自己的長處和短處，避己所短，揚己所長，才能對自己的人生座標進行準確定位。

5 自知不自見，自愛不自貴

民不畏威，則大威至。無狎其所居，無厭其所生。夫唯不厭，是以不厭。是以聖人自知不自見，自愛不自貴。故去彼取此。

——《道德經》第七十二章

如果人民不畏懼統治者的權威，那麼可怕的事件就要降臨了。不要逼迫人民不得安居，不要阻塞人民的生計。只有不壓迫人民，人民才不會反抗。因此，聖人只要求自知，而不自我張揚；只要求自愛，而不自以爲高貴。因此聖人捨去後者（自見、自貴）而取前者（自知、自愛）。

老子首先對所有的統治者提出了一個忠告：對待人民要寬厚一點。如果一味憑藉恐怖手段，那麼當人民不怕恐嚇威嚇的時候，最大的威嚇也會不起作用，真正的危險也就來臨了。老子對統治者說的這些話在不斷地應驗。

秦朝時期，秦始皇創立了中國歷史上第一個統一的中央集權大帝國，本來應該是彪炳千秋的事業，但是他迷信武力壓榨的政策，用唐朝人杜牧的話說就是：「（秦始皇）獨夫之心，日益驕固」，終於使老百姓忍無可忍。陳勝、吳廣本來是普通的農民，被征派去戍守邊境，但是因為天降大雨耽誤了期限，按照秦朝的法令，若是耽誤了期限就要被殺頭。陳勝、吳廣就說，同樣都是死，與其因為耽誤期限被處死，還不如起來造反，也許還有一條生路。老子曾經說過：「民不畏死，奈何以死懼之？」人民連死都不怕，還有什麼讓他們害怕的呢？於是，陳勝、吳廣就揭竿為旗，掀起了一場轟轟烈烈的大起義，強盛一時的大秦帝國很快就灰飛煙滅了。

說完了統治者不要用恐怖手段威嚇人民，老子進而提出統治者要低調一點兒，讓老百姓生活得自在一些，不要去阻塞老百姓的生計，不要壓迫老百姓，這樣才不會有老百姓造反的情況發生。老子好像一個喋喋不休的諫臣，向統治者善盡忠言。

那麼，怎樣才能做到這一點呢？老子給開出了藥方：只要求自知，而不自我張揚（自知不

自見）；只要求自愛，而不自以為高貴（**自愛不自貴**）。自知就是統治者有自知之明，有知識有經驗，還不喜歡自我炫耀。自愛就是統治者可以愛護自己、保護自己，但是不要高高在上，稱王稱霸，窮奢極欲，脫離人民。自知自愛的道理，不僅對於統治者適用，對於一般的領導者也很值得借鑒。

歌德曾經說過一句名言：「有一種東西，比才能更罕見，更優美，更珍奇，那就是自知之明。」對自己有清醒的認識是自我提升的必備條件。一個人若想保持良好的心態，你就要在不同的時期、不同的階段自我定位，敢於直面人生，正確清醒地估量自己。孔子曾經說過這樣一句話「吾日三省吾身」，連孔子這樣的古代先哲都是在不斷地反省自我，何況是我們這些普通人呢？也正是因為孔子能夠不斷地自我反省，才有那種自制自律、自尊自重以及自信自立的品德。

英國大哲休謨是一位非常懂得自知自愛道理的人。他晚年退休後，每年能拿到一千英鎊的退休金和版稅。早年，他曾經寫過一部《大不列顛史》，是一本重印多次的暢銷書。退休後，周圍的人勸他再寫續集，一直寫到當代。休謨攤開兩手說：「你們已經給了我太多的榮譽，先生們，但我不想再寫了，理由有四點：我太老了，太胖了，太懶了，太富了。」

我國古典名著《太平廣記》上也有一些這樣的故事，其中一則談道：

一位監察御史文筆不怎麼樣，卻很喜歡舞文弄墨，許多人就奉承他，他自己也覺得很高興，得意之時就拿出銀子來請客，他老婆就勸他說，你寫的文章並不怎麼樣，別人說你好，一定是拿你尋開心。這位監察御史一想，也是那麼回事，就再也不肯出錢請客了。但是，另一個人卻不是這樣了，他作的詩本來就一塌糊塗，別人故意稱讚嘲弄他，他還以為是真的，就大辦酒席來招待這些人。他的老婆則知道他沒有多少文才，於是苦勸他，沒有想到這位老爺還以為是老婆嫉妒他的才華。

同樣是兩個人，結果很明顯，一個迷途知返，另一個卻執迷不悟，不肯悔改，真是可悲。普通人不自知自愛，只不過影響的是個人。而領導者的行爲關乎國家，關乎人民，倘若不自知自愛，危害將會更大。老子對爲政者宣導自知自愛，將會獲利天下，確實有遠見眼光，對今天的領導幹部不無借鑒。

6 留有餘地，才能持續發展

三十輻共一轂，當其無，有車之用。埏埴以為器，當其無，有器之用。鑿戶牖以為室，當其無，有室之用。故有之以為利，無之以為用。

——《道德經》第十一章

老子那個時代的車子，三十根輻條造成了一個車輪子，正是因爲中間是空的，所以這個車輪子才能發揮作用。我們日常吃飯用的碗，正是因爲中間是空的，所以才能盛東西。老子說的話不是讓我們要留出空間嗎？只有留出充足的空間、充足的餘地，自己才能夠遊刃有餘。凡是把事情做絕的，自己的路子也會堵死了。

三國時期，諸葛亮七擒孟獲的故事，可以說是典範。

蜀國丞相諸葛亮受劉備臨終囑託要立志北伐，匡復漢室。這時候，南方的少數民族進犯，諸葛亮當即點兵南征。到了南蠻之地，雙方首戰，諸葛亮大獲全勝，俘獲了南蠻首領孟獲。但孟獲並不服氣，說勝敗是兵家常事。諸葛亮聽後就下令放了孟獲。放走孟獲後，諸葛亮找來他的副將，故意說孟獲將這次叛亂的罪名推到了他的頭上。副將聽了十分生氣，大聲喊冤，諸葛亮將副將也放回去了。副將憤憤不平，回營後就將孟獲請入帳內，趁機將之捆綁後送到了漢營。諸葛亮這次擒獲了孟獲，孟獲還是不服，諸葛亮便又放了他。這時，將領們都想不通，他們認為大家長途跋涉，就這麼輕易地放走敵人不是兒戲嗎？諸葛亮卻自有道理：這是做事情留有餘地，倘若直接把孟獲殺了，其餘的人更是不服氣，後患仍舊不會消除，以德服人才能讓其心悅誠服。

孟獲再次回到營中，弟弟孟優獻計，在半夜時分由孟優帶人到漢營詐降，諸葛亮將計就計，下令賞賜美酒，孟優等人酩酊大醉。孟獲按計劃前來劫營時，結果自投羅網，被再次擒獲。這回孟獲仍是不甘心，諸葛亮又放虎歸山。孟獲回去後立即著手整頓軍隊，待機而發。手下來報說諸葛亮自己一個人在察看地形。孟獲大喜，立即帶了人趕去捉拿。不料這次他又成了甕中之鱉。諸葛亮知他這次肯定還是不會服氣，再次放了他。孟獲帶兵回到營中。他的營中大將帶來洞主楊峰，因跟隨孟獲數次被擒被放，對諸葛亮感激萬分。為了報恩，他將孟獲灌醉後押到漢營。孟獲五次被擒仍是不服，大呼是內賊陷害。諸葛亮便第五次放了他，命他再來戰。這次，孟獲回去後不敢大意，他去投奔了木鹿大王，這次蠻兵使用了野獸入戰。結果被諸葛亮用假獸將蠻兵野獸嚇走，孟獲不戰自敗。這次孟獲仍心有不甘，諸葛亮看出他的心思，仍舊放了他。孟獲被釋後又投奔了烏戈國，這烏戈國國王兀突骨擁有一支英勇善戰的藤甲兵，所裝備的藤甲刀槍不入。諸葛亮對此卻早有所備，他用火攻將烏戈國兵士皆燒死於一山谷中。孟獲第七次被擒，諸葛亮故意要再放了他。孟獲忙跪下起誓：以後將絕不再謀反。

諸葛亮意識到，若是把孟獲殺了，南方其他部落還是不會平定，因此他就爲自己留下了餘地，也給孟獲留下了餘地。待到孟獲心服口服之後，諸葛亮的目的也達到了。

《韓非子．說林》中也講過一個故事，木藝雕工雕刻的要領就是鼻子要大，眼睛要小，鼻子雕刻得大了，還可以改得小一些，可是一開始就刻小了，那就再也沒有辦法補救了。這與中國古代做官的時候講求自我警惕是一個道理，官員要時刻注意自己的言行舉止，這種行為就是留有餘地的態度。越是手握權力，享有榮華富貴，越要謹慎從事，收斂鋒芒，以保退路。春秋戰國時期，衛國有一名大臣叫彌子瑕，深得衛靈公寵愛，所以彌子瑕也從不把各種法令放在眼裏。一天夜裏，他突然得到稟報說他母親得了急病，情急之下也顧不上不許偷乘國君專車的法令了，坐上衛靈公的專車就奔馳回家了。還有一次，他陪伴衛靈公遊御花園，路過桃林時，見到樹上結滿了誘人的桃子，就順手摘了一個，邊吃邊說桃子鮮美，竟然把剩下的桃子給衛靈公吃。朝廷

中立刻有人彈劾他置君臣體統於不顧，衛靈公為他辯解說，彌子暇是忠臣孝子。彌子瑕更加肆無忌憚了，因為彌子瑕恃寵犯上的事特別多，眾臣就在旁挑唆，衛靈公大罵彌子瑕是叛臣，說他犯上作亂，擅自以衛靈公的名義乘君王之車；說他對君王不誠不敬，有侮辱之心，連吃剩的東西也敢獻上來，美言欺君，偽作忠順！與之前的被寵景象判若天隔。

晉代石崇與王愷奢靡腐化，互相鬥富，不知收斂。兩人都用最鮮豔華麗的東西來裝飾車馬、服裝。晉武帝是王愷的外甥，常常幫助王愷，就把一棵二尺來高的珊瑚樹送給王愷，這棵珊瑚樹枝條繁茂，世上很少有和它相當的。王愷拿來給石崇看，石崇看後，拿鐵如意敲它，隨手就打碎了。王愷既惋惜，又認為石崇是妒忌自己的寶物，說話時聲音和表情都非常嚴厲。石崇說：「不值得遺憾，現在就賠給你。」於是就叫手下的人把家裏的珊瑚樹全都拿出來，有三尺、四尺高的，樹幹、枝條舉世無雙而且光彩奪目的有六七棵，像王愷那樣的就更多了。可是最後，石崇終因得罪了當權者而落得可悲的下場。

歷史上無數的經驗教訓給了我們很多借鑒，清末的曾國藩，總是反覆囑咐他的兒子曾紀澤要謹慎立事，甚至於大門外不可掛相府、侯府這樣的匾額。他說，我曾經說聲譽太高了，必然就會有很多缺憾，我差一點就這樣。聰明過頭了，經常就會很少有福氣，處於順境中太久了，將會有災禍。如今責任太重，更加感覺到不安，只好處處謹慎，留有一臨深履薄的想法。

老子做事留有餘地的做法在今天也是意義深遠。我們打個比方，兩個武士比武，如果一方把另一方逼入死角，一點兒餘地都沒留下，那麼這場比武的結果必定有一方被打死，甚至兩敗俱傷。高明的書畫家創作作品，都要懂得「留白」，就是在畫面上留有相應的空白，給觀賞留下想像的空間。高明的建築師設計住宅，都要留出一些餘地給綠地花草，讓人們心情放鬆……

香港富商李嘉誠從商一輩子，結交了無數朋友，樹立了良好的社會形象，贏得了股東和員工的信賴。他給兒子的忠告是：「做事要留有餘地，不把事情做絕，有錢大家賺，利益大家分享，這樣才有人願意合作。假如拿百分之十的股份是公正的，拿百分之十一也可以，但是如果只拿百分之九的股份，就會財源滾滾。」

7 曲以求全，不做無謂的犧牲

曲則全，枉則直，窪則盈，敝則新，少則得，多則惑。是以聖人抱一，為天下式。不自見，故明；不自是，故彰；不自伐，故有功；不自矜，故長。夫唯不爭，故天下莫能與之爭。

——《道德經》第三十六章

委曲才能保全，彎曲的才能伸直，凹陷的才能滿盈，破舊的才能成爲嶄新。少取反而多得，貪多則會惑亂。所以，聖人所堅守的只有一個原則，是天下的榜樣。不注視自身才能明察萬物，不自以爲是才能明辨是非，不自我誇耀才能得到成功，不自我封閉才能有所進取。正由於不與人爭，所以天下沒有人能與他爭。

南懷瑾先生說：「處世不要走直路，走彎路才能全，處理事情轉個彎就成功了。比如說小孩玩火，直接責罵干涉，小孩跑了，但用方法轉個彎，拿一個玩具給他，便不玩火了。這就是『曲則全』的妙處。」

現在常常聽到人一方面抱怨世事太艱難，人生的路越走越窄，看不到半點成功的希望；

而另一方面他們又都因循守舊、不思變通，習慣在老路上繼續走下去。從來都沒有想過，也許稍稍改變一下思路，調整一下目標，就可能會出現「峰迴路轉」「柳暗花明又一村」的意外驚喜。

馬嘉魚是一種生活在深海裏的魚，牠有著銀色的外皮，燕子一樣的尾巴，非常美麗，平時牠們都生活在深海中，只有春夏之交會溯流而上，然後隨著海潮游到淺海去產卵，這也是漁民捕捉牠們的最佳時機。

漁民們的捕捉方法很簡單：用一孔眼粗疏的竹簾子，下端繫上鐵塊，放入水中，竹簾的三面都敞開，由兩隻小艇拖著，攔截魚群。

這種魚的「個性」很倔強，不喜歡轉彎，即使闖入漁網中也不會停止。所以一隻隻「前赴後繼」陷入竹簾孔中，簾孔隨之緊縮。簾孔越緊，馬嘉魚就越是拚命往前衝，結果一隻隻都被牢牢卡死在了裏頭。

其實網住馬嘉魚的既不是竹簾子也不是漁夫，而是牠們自己，但凡牠們能後退一步，或是轉個彎，而不是一個勁兒地往裏頭鑽的話，就不會「自投羅網」了。人生的道路其實有很多種走法，並不是非得學馬嘉魚一樣，蒙著頭不顧一切往前衝，有的時候，變一變、轉一轉，也許死路也是可以走活的。

太極拳中有個說法叫作「避實就虛」，就是告訴我們不要什麼都以硬碰硬，要懂得迂迴，迂迴可以四兩撥千斤，可以辦到我們用平常辦法所辦不到的事情。

漢武帝的奶媽曾經在外面犯了罪，武帝知道後，決定要按法令治罪，奶媽無奈之下去向東方朔求救。東方朔聽了後說道：「這不是光靠唇舌就能爭得來的事，你若是一定想要把事辦成的話，臨走時，只可以連連回頭望著皇帝，但千萬不要多說無謂的話。這樣也許能有萬分之一的希望呢。」

奶媽被壓上來見漢武帝時，東方朔也陪侍在武帝身邊，奶媽依照東方朔所說，不敢說話，臨走時也一言不發，只是頻頻回顧武帝。

這時，東方朔突然對她說：「你是犯傻呀！皇上難道還會想起你餵奶時的恩情嗎？」武帝雖然才智傑出，心腸剛硬，此時也不免引起深切的依戀之情，就悲傷地憐憫起奶媽來了，於是便下令免了奶媽的罪過。

當一個人發怒的時候，擋在他前面的都是要遭殃的，所謂「怒不可遏」。尤其是古代帝王專制政體的時代，皇上一發脾氣，要想把他的脾氣堵住，那就糟了，他的脾氣反而發得更大，是不能堵的，只能順其勢，曲則全，轉個彎，把它化掉就好了。

東方朔無疑是聰明的，懂得「曲則全，枉則直」的道理，如果漢武帝的奶媽直來直往，想著往日的情分，直接求情說些「我是你的奶媽，請原諒我吧」之類言辭的話，她只怕唯一的結果就是人頭落地了。我們爲人處世也應該學學這樣，並不一定什麼事情都要直來直去的，有的時候迂迴一下，走走彎路說不定效果更好。

很多人在工作當中，總是憑藉一股勁橫衝直撞，從來不對自身的實力和眼前的形勢進行分析，結果最後往往折戟沉沙。量力而行，才能確保事情不會辦砸。若是一味地好高騖遠，而忽略了自身能力的問題，終究是要吃大虧的。因此，我們不能做那些蚍蜉撼樹的傻事。任何時候都要保持頭腦的冷靜，學會審時度勢，看清楚自己的實力，若是沒有把握，該退的時候還是要退。

秦朝末年，陳嬰為東陽令史，因為他謹慎、講信用，被人尊為長者。是時，天下大亂，群雄並起，東陽縣的一些人殺死東陽令起義，但是因為群龍無首，於是請陳嬰來當首領。

陳嬰的母親是一個有點兒見識的女人，她對陳嬰說：自從我嫁到你家後，就沒有聽說你家祖上有高位貴人，現今突然得到這麼大的聲望，恐怕會遭人嫉恨，成為眾矢之的。你還不如另選人來做王，你當助手，事情成功了，能得賞賜；失敗了，你也不是領頭的，禍害也不大。

陳嬰覺得母親的話很有道理，而他也深知自己的能力不足以領導大軍。無奈騎

虎難下，最後還是被強行推上了首領的位置。

正好當時項梁、項羽叔侄聽說了東陽起義的事後，決定與他聯盟，項梁還親自寫了一封信給陳嬰。於是秦二世二年，陳嬰率領起義軍兩萬多人從屬項梁。後來項梁立熊心為楚懷王，陳嬰被任為上柱國，封五縣。

任何事情都不是想當然可以成功的，判斷一件事情可否去做，首先要考量的就是自身的實力，其次就是要抓恰當的時機，順應時代潮流。正所謂「時勢造英雄」，爲何每當亂世，便英雄輩出？就是因爲被時代浪潮所推動的。若是逆時逆勢而爲，不要說你能力不足，便是你有翻天的本事也不可能成事。

一陣狂風刮斷了一棵大樹。大樹倒下的瞬間，看見弱小的蘆葦卻完好無損，於是就問蘆葦：「爲什麼這麼粗壯的我都被風刮斷了，而這麼纖弱的你卻什麼事也沒有呢？」蘆葦回答說：「因爲我知道自己弱小，所以就低下頭給風讓路，避免了狂風的衝擊；而你卻憑著自己粗壯有力，拚命抵抗，結果被狂風刮斷了。」

《管子．宙合》中曾經講到，聖賢之人身處亂世，如果明知道治國之道不可行，就會潛伏抑制自己以迴避刑罰，靜默以謀求倖免。所謂迴避，就像夏天避到清涼之地，冬天避到溫暖之地；這樣就可以免去寒暑的侵害了。但這並不是因爲怕死而不忠於國君。因爲如果勉強進言就會遭受羞辱，而毫無功效，往上說，傷害了君主尊嚴的義理；往下說，傷害了人臣個人的生命，那是十分不利的。所以隱退而不肯扔掉笏版，停職卻不放下讀書，爲的是等待清明時世。

微子原為殷商貴族，帝乙的長子，殷商最後一個皇帝帝辛的庶兄，帝辛也就是我們常說的商紂王。殷商末年，紂王無道，窮奢極欲，暴虐嗜殺，導致眾叛親離，國勢日衰，微子屢次進諫，均不被採納，於是出走避禍，後來殷商果然被周武王所滅。

武王滅商後，微子持商王室宗廟禮器，來到武王軍營前，表示投降。他袒露上身，雙手捆縛於背後，跪地膝進，左邊有人牽羊，右邊有人秉茅，向武王請罪。武王為了向天下人展示自己寬厚為懷，便將他釋放，並宣佈恢復他原有爵位。

有句俗話叫作：「識時務者爲俊傑。」意思就是說人要「知進退，識時務」，只有認清天下大勢、時代潮流的人才是傑出人物。正所謂「春采生，秋采蓏，夏處陰，冬處陽」，說的就是爲人處世要「因時而動，就勢而爲」。所以微子沒有跟隨商紂王赴難，而被周武王封於宋國，成爲殷商遺民的領袖。從而使祖宗祭祀不滅，後代不斷絕。這並不是因爲怕死，而是爲了留著有用之軀，做些有意義的事情，而不做無謂的犧牲。

第八章 觀天地——「禍兮，福之所倚；福兮，禍之所伏」

人處平地，到處都會遮眼阻路；人登頂峰，世間便能一覽通途。這就是想得開的秘密——眼界開闊了，心就寬了；站得高了，事就小了。想不開，往往都是畫地為牢、作繭自縛。眼光和思維所涉及的面，儘量往大裏走、往高處去。

1 想好事，好事降臨；想壞事，壞事敲門

禍兮，福之所倚；福兮，禍之所伏。
——《道德經》第五十八章

「禍兮，福之所倚；福兮，禍之所伏」是老子樸素辯證法思想的集中體現。其基本的含義是：壞事可能包含了變成好事的苗頭，而在好事到來的時候，壞事也可能隨之來到。福和禍是可以相互轉化的。如果我們只是看到了呈現在當下和眼前的東西，而忽視了那些可能變化的東

西，我們會在事情發生變化的時候措手不及。

在這裏，老子強調的最根本的東西，就是變化的可能性和變化的重要性。按照這個思路，在我們面臨種種危難的時候，其實已經孕育了轉機的苗頭和種子。而在各種繁華的背後，則隱藏著危機與毀滅。這一思想和他關於道的認識一脈相承，對我們認識世界具有十分重要的價值。

幾年前，電視轉播音樂大師梅達的音樂會。梅達出場前掛了一個花環。當他上臺起勁兒指揮樂隊時，花瓣紛紛落到腳下。一位女士議論說：「等他指揮完，他會站在一堆可愛的花瓣中。」另一個男士則憂傷地說：「到演出結束時，他的頸上只會掛著一道繩索。」同一件事，由於視角不同，思維方式相異，便得出了截然相反的結論。

有這麼一個傳說：有一位盲人，性格十分開朗，生活十分愉快。有人問他：「作為盲人，你不感到痛苦嗎？」盲人笑著回答：「我痛苦什麼呢？和聾子相比，我能聽見聲音；和啞巴相比，我能說話；和下肢癱瘓的人相比，我能行走。」眼睛瞎了，卻不覺得痛苦，這就是由於他調整了比較的對象和方法，用自己的優勢去比人家的劣勢，用自己的長處去比人家的短處，凡事從有利於自己的方面思考。

「橫看成嶺側成峰，遠近高低各不同。」看問題的角度不同，所看到的東西就不同。同樣一件事情，如果從不同的角度去觀察和思考，就會有迥然不同的結果。因爲任何事物都有兩面性，既可以從正面理解，也可以從反面理解。從辯證法的觀點看，世界上沒有絕對的好事，也沒有絕對的壞事。好事中潛伏著壞的因素，壞事中包含著好的成分。

人的思維有利導思維和弊導思維之分。所謂利導思維就是遇到對自己不利的事情時，把思考導向對自己有利的方面，即從積極美好的方面去想。所謂弊導思維就是凡事往壞的方面想。

日本學者春山茂雄在《腦內革命》一書中說：「想好事，好事降臨；想壞事，壞事敲門。」他又說：「人在生氣發怒的時候，大腦分泌大量腎上腺素，這是一種有害的荷爾蒙……他使人疾病叢生，加速衰老甚至早逝。」因此，我們應該宣導利用利導思維思考問題，避免用弊導思維思考問題。

學會利導思維，不只是思考的技巧問題，還涉及人的心態、人的性格和人的生活態度。一個人性格開朗，樂觀向上，心情舒暢，往往就能正確面對現實，正視事實，能夠協調和控制自己的情緒，保持良好的心態，遇事從積極和美好的方面考慮問題。

反之，一個人如果心胸狹窄，自慚形穢，缺乏自信，甚至悲觀絕望，往往容易陷入弊導思維的泥坑不能自拔，甚至會導致自我傷害。

正如老子所說：「禍兮，福之所倚；福兮，禍之所伏。」這就要求我們在觀察和思考問題時，把一切思考導向對自己有利的方面，從不利的事情中尋找美好，提取美好，放大美好。這樣不僅能使自己在不利的境遇下保持積極向上的生活態度，激勵自己克服困難，戰勝挫折，而

且也有益於身心健康。

2 因禍得福，轉敗為勝

天下皆知美之為美，斯惡矣；皆知善之為善，斯不善矣。故有無相生，難易相成，長短相形，高下相傾，音聲相和，前後相隨。恒也。

——《道德經》第二章

如果天下人都知道美好的東西是美好的，就顯露出什麼是醜惡來。如果天下人都知道善的東西是善的，就顯露出什麼是不善來。

所以，有與無在對立中相互生成，難與易在對立中互相轉化，長與短在對立中互相對比，高與低在對立中互相映襯，音節與旋律在對立中互相和諧，前與後在對立中互相追隨。這是永恆的道理。

在這裏，老子用每個人都能明白的生活中的道理，闡述了一套深刻的辯證觀：世上一切事物，都存在著矛盾，是相互依存的關係。他舉出一組概念：有無、難易、長短、高下、音聲、前後，是相互對立的，然而這對立雙方分別存在著相生、相成、相形、相傾、相和、相隨的關係，亦即相輔相成的關係。這在哲學上有極高的價值，對於我們從事實際工作的人來說，也具有重要的啓迪，教給我們一種觀察事物的方法和思考問題的方式。

怎樣才能辯證地看待一切事物呢？我們不妨打個比方，比如現實社會中的人都會追求美，可是什麼是美呢？很多人都說不出來，那是因爲很多人都不知道用什麼確切的詞語形容出來，只能說出「太漂亮了」「太精美了」之類稱讚的話。雖然人們不知道什麼是美，卻能說出醜陋來，醜的反面就是美。俗語說得好：「紅花還得綠葉來襯托」，就是這個意思。

法國作家左拉曾經寫過一篇非常精美的小說《陪襯人》，就講述了一些貧苦女子在巴黎出賣自己的容貌，爲那些貴小姐做陪襯人的故事。這個故事從一個側面說出了美的容貌正是因爲醜容貌的襯托而顯現出來。

人們嚮往真善美的極樂天堂，爲什麼呢？就是因爲現實中太多的假惡醜了。不過也有很多人願意生活在無窮無盡的苦海中，我們經常聽到一句話就是「以苦爲樂」了。人們也有將醜當作美的，法國著名的雕塑家、藝術家羅丹看到一個《老妓》作品時，突然驚歎道：「醜得如此精美！」醜和美沒有絕對的標準，如果我們把中國古代的四大美女之一西施作爲一個標準的美女，那麼東施就是典型的醜女了，否則也就不會出現「東施效顰」的典故。

老子認爲，知道什麼是美的了，也就知道什麼是醜的了。正因爲如此，大家才會有宣揚美、貶低醜的舉動出現，同樣的道理，都知道什麼是善，也就知道什麼是不善了。

季文子是春秋時期魯國的名臣，他的勤儉天下聞名。他的妻子也十分勤儉樸素，季文子做官之後仍是簡樸如故，而且謹守本分，從不誇耀。季文子擔任宰相後，生活逐漸富裕了，他的妻子仍舊不穿光鮮的奢侈品，也從不餵馬糧食。有些人看不過去了，就對他勸告說：「您作為魯國的高官，妻妾不穿華麗的衣服，餵馬也不餵糧食，別人就會認為您吝嗇，這樣會影響您的形象，而且對國家也不體面。」

季文子不以為然地說：「我看到京城裏面那些老年人他們都穿著粗布衣服，吃著蔬菜，我怎麼能像你們說的那樣奢侈呢？何況我聽說人只有品德好，別人又有所得，這才是應該做的，君子更是應該修養品德，為國家爭取榮譽。如果每天紙醉金迷，沉迷於享受腐化，怎麼能為國家爭光呢？」那些勸說他的人啞口無言，紛紛告辭。魯國的老百姓聽說了那件事情，都稱讚季文子，他們都以之為榜樣，魯國的民風也為之一變。

老子深切地明白這些道理，有和無、難和易、長和短、高和下都是對立的兩面，它們都是相輔相成的，誰也離不開誰。所以，當一件事情發生以後，不論它多麼複雜棘手，我們都要看到其有利的一面，從而駕馭矛盾，解決矛盾，收到良好的效果。要像漢代傑出的政論家賈誼所說的那樣：「善爲天下者，因禍而爲福，轉敗而爲功。」

3 善於抓住事物的本質

夫物芸芸，各復歸其根。歸根曰靜，是曰覆命；覆命曰常，知常曰明。不知常，妄作凶。知常容，容乃公，公乃王，王乃天，天乃道，道乃久，沒身不殆。

——《老子》第十六章

世間萬物的種類紛繁眾多，但是最終都要回歸其根本。回歸其根本就會安靜下來，這就叫歸復其命運。命運是不會改變的，名字叫作「永恆」。能識知這種永恆者，就是聰明的人。不能識知永恆之道，輕舉妄動者就會遭遇兇險！認識到永恆之道者是寬容的，寬容就會公平，公平就能做王者。王者順於天，天順於道。順於道則能長久，就永遠不會失敗。

老子發現事物千變萬化，但是終歸要回到其根本上，舉一個例子來說，樹木長高了，最後還是脫離不了它的根，落葉歸根就是這個道理。人們離家遠走，年紀大了就會思念自己的家鄉，很多人總是想從哪裏來回哪裏去。

白居易寫過一首詩：「離離原上草，一歲一枯榮。野火燒不盡，春風吹又生。」草的生命力這麼強，這是爲什麼呢？就是因爲它的根。這裏面總是有一個不變的根本，用我們今天的話說就是要把握住事物發展的規律。也唯有把握住了這個根本，我們才能更好地解決問題。

大禹是上古三代著名的部落首領，他是鯀的兒子，傳說出生於今天的寧夏、甘肅一帶，後來跟隨父親遷徙到了河南登封附近，在堯當政的時候，他被封為夏伯，因此被稱為夏禹，他也是中國第一個王朝夏朝的建立者。

傳說在堯當政的時候，黃河發大水，百姓遭災，莊稼都被淹了，房子也毀了，老百姓沒有辦法只得四處遷徙。於是部落首領堯就召開了聯盟會議，商量治水的辦法，他徵求了大家的意見，大家都推薦大禹的父親鯀去治理洪水。當堯問有沒有比鯀更好的人時，大家都說沒有，先讓他去試試。堯同意了。

鯀在治水的時候，想四處堵住洪水，不讓它氾濫，可是越堵洪水越氾濫，這樣九年過去了，洪水更加嚴重了，堯非常生氣，就下令把鯀處死了。於是，又任命其子大禹前去治水，大禹改變了他父親的做法，帶領民眾開鑿龍門，當時，黃河中游有一座大山，叫龍門山（在今四川）。它堵塞了河水的去路，把河水擠得十分狹窄。奔騰東下的河水受到龍門山的阻擋，常常溢出河道，鬧起水災來。禹到了那裏，觀察好地形，帶領人們開鑿龍門，把這座大山鑿開了一個大口子。這樣，河水就暢通無阻了。他又挖通了河流，把洪水引導到大海中去。他與老百姓一塊勞動，帶著蓑笠，身體力行，甚至腿上的毛都磨掉了，艱苦的程度可見一般。禹新婚僅僅幾天，來不及照顧妻子，便為了治水，到處奔波，三次經過自己的家門都沒有進去。經過十年的努力，終於把洪水引到大海裏去，地面上又可以供人種莊稼了。

大禹治水就是讓我們善於從事物的根本去做。

某公司車間角落放置了一架工作使用的梯子。為了防止梯子倒下傷著人，工作人員特意在旁邊寫了條幅「注意安全」。這事誰也沒有放在心上，幾年過去了，也沒發生梯子倒下傷人的事件。有一次，一位客戶來洽談合作事宜，他留意到條幅並駐足很久，最後建議將條幅改成「不用時請將梯子橫放」。

上面的這則小故事，告訴了我們一個很簡單的道理：要抓住事物的本質。在上文中，一開始雖然經過條幅提醒，過路的人引起了注意，沒有發生意外，但安全隱患卻一直存在，總有一天會出現問題。事情從根本上沒有得到解決。而後來條幅修改成「不用時請將梯子橫放」，避免了梯子倒下的發生，從根本上杜絕了安全隱患，再也不會擔心傷人了。

在生活中，這個道理可以解釋生活中的許多現象。比如對於同一件事，不同的人會有不同的理解和看法，這就是由他們對這件事本質的認識程度不同所導致的。智者之所以成爲智者，能給普通人指引方向，主要是因爲他們能抓住事物的本質，能有一個清醒準確的認識，能「對

症下藥」。所以，我們在分析和思考時要看到本質，這樣能使視野更開闊，心智更成熟，看事物更全面。

抓住事物的本質，說起來很簡單，但實踐起來卻很難。怎樣才能抓住本質呢？首先，要勤學習，讓自己的閱歷更豐富，知識更寬泛，眼界更廣闊，從而更能夠把握事物的本質。其次，要努力從多個角度分析問題，不能將思維只局限在一個側面，要更全面、更嚴謹，這樣才能接近事情的真相。最後，要將理論融入生活實踐中去，用理論指導實踐，用實踐不斷的豐富理論。

能夠把握住事物的本質，你就擁有了打開成功之門的鑰匙。在工作方面，你將可以運籌帷幄，穩操勝券；在學習方面，你將可以融會貫通，舉一反三。總之，只要你時刻能夠抓住事物的本質，那麼你的一生將少走彎路，遇到再困難的問題都會迎刃而解。

事事都能夠把握住本質，你就是一名成功的智者。成爲智者的過程，如同你在攀登一道道石階，雖然付出辛苦的汗水，但將會領略到高處的風景。「不畏浮雲遮望眼，只緣身在最高層！」

4 拆掉思維裏的牆

道可道，非常道；名可名，非常名。
——《道德經》第一章

可以說出來的東西，就不是恒常的；可以用名去稱謂的，就不是恒常的名稱。

老子的「常道」我們可以理解爲一般的做事方法，那麼「非常道」自然就是非一般的做事方法，它可以是逆向思維，也可以是特殊的思維方法，總體來說就是一種突破性思維方法。

一般的「常道」思維，只能使人處於常規狀態，容易導致保守、停滯。若想有所成就，就必須採取某種「非常道」的思維。

「非常道」的思維往往能夠運用不平常的方法出奇制勝。「非常道」的思維並不是否定一切平常的思維模式，而是在「常道」的基礎之上引申而來的。

三國時期，司馬懿率領幾十萬大軍直逼諸葛亮把守的西域。而當時蜀軍的主力不在城中，城裏只有一些老弱病殘者，按常理而言，面對來勢洶洶的大軍，自己的實

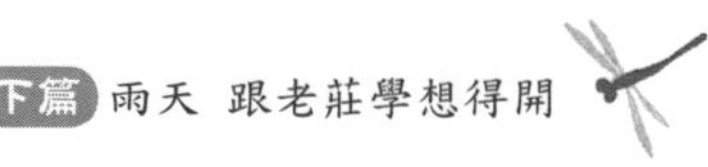

力又弱，理應緊閉城門，堅守城池，等待援軍的到來。而諸葛亮審時度勢，命令士兵大開城門，自己則坐在城樓上安閒地撫琴。結果，司馬懿幾十萬大軍被嚇退了。

諸葛亮之所以能嚇退司馬懿大軍，採取的就是「非常道」——司馬懿深知諸葛亮用兵一向都謹慎，從不打無把握之仗。然而，正是基於這種「常道」，當諸葛亮採取這種「非常道」之時，司馬懿也就不知虛實了！謹慎的司馬懿為防止遭到伏擊只能不戰而退了。

當然，諸葛亮的這種「非常道」對於大多數人來說是不現實的，然而「非常道」並不一定都是那些高深莫測、難於思考的東西，有時它就存在於「常道」之中，只是我們將它們忽略了而已！

二十世紀，美國宇航局曾懸賞十萬美金向全世界徵集設計一種在任意方向下都能書寫的筆：不用吸水、不受地球引力限制，可以較長時間供宇航員在太空使用的筆。

人們都普遍認為這種筆要求那麼多，一定很先進，科技含量一定很高。於是全世界許多人設計了許多種科技含量很高的筆，但都無法通過最後的檢驗。一個德國科學家突破了常人認為「需要高科技」的思維定式，給美國宇航局寫了一封信，信中寫道：用鉛筆。

僅僅三個字，既解決了宇航員太空書寫的難題，又贏得了十萬美金，可見逆向思維的重要性所在。

事實上，人們在日常生活中常常會憑著「想當然」的思維定式去分析和解決問題。這樣的結果往往不那麼見效，反而常會導致失敗的結果。如果人們能夠在非常狀態中採取一種突破性思維進行思考，那麼任何難題都會迎刃而解的。

一九四三年，第二次世界大戰進入白熱化的階段。為了能夠更有效地打擊法西斯勢力，盟軍決定給希特勒設一個圈套。而策劃實施這一計畫的是盟國中的英國。

為了讓希特勒徹底相信盟軍的進攻重點是薩迪尼亞和希臘的伯奔尼撒，而不是西西里，他們決定在海上漂浮一具屍體，在其口袋裏裝入與進攻計畫有關的內容。

他們把實施這一計畫的地點確立在西班牙海岸，因為那裏的德國人活動頻繁。如果一切進展順利的話，屍體就會被德國人發現，那麼假情報就會使他們受騙上當。

英國人根據人們「想當然」的思維方式，把所有的細枝末節都策劃得天衣無縫，連屍體都像經歷了一場空難而掉進海裏一樣。

經過仔細搜尋，他們終於找到一具最合適不過的屍體——一名死於肺炎又暴屍荒野的男性，他們給他取名為威廉姆．馬丁少校。

策劃者們在屍體的口袋裏裝入的東西有戲票、銀行開出的一張透支通知單、幾封未婚妻的情書，當然還有絕密的進攻計畫。

在一個風平浪靜的日子裏，他們悄悄將「馬丁少校」送入大海……

幾個月後，盟軍在西西里登陸，發現敵人的兵力果然分散到了別處，從而輕而易舉地贏得了勝利。

事後獲悉，德軍果然因自己的思維定式而中計。

「非常道」正是一種突破平常思維的智慧，它的手段新、異，用「匪夷所思」與「不可思議」的方法去解決那些難解或本不可解的問題。然而正是如此，才使眾多的難題有了突破口，有了解決的方法。

許多人遇到困難之後，常常會苦思冥想卻不得其解。然而運用「非常道」的智慧，從另一個角度、從常人通常想不到的方面出發，常會收到事半功倍的效果。我們不妨學一點兒逆向思維，突破常人的思維定式，從相反方向或非「常人」的角度去思考問題，唱點兒反調，也許會取得意想不到的效果。

5 將複雜的事簡單化

治人、事天，莫若嗇。夫為嗇，是謂早服，早服謂之重積德。重積德則無不克。無不克則莫知其極。

——《道德經》第五十九章

不論待人或處世，行事都應該單純精簡；因爲，唯有行事精簡才能早日達成目的。能早日達成目的即是「高效率」；行事如果都能很有效率，就沒有什麼不能克服的困難，到了無事不克的境界，則其能力深不可測、不知極限。

「治人、事天，莫若嗇」，說的就是將複雜的事做簡單，或者說，簡單的事不要做得過於複雜。

老子認爲，提高效率、克服困難的有效辦法就是行事精簡。在日常生活中，人們在事情完成之後，常常發現自己走了很多冤枉路，其原因就是將事情考慮得過於複雜繁瑣了。

一位遊客到某國觀光，返程時發現機場內排起了兩條長龍。

遊客按照牌子上的指示先排上了隊，等了好半天終於排到了繳費櫃檯，原來是繳「機場稅」。繳完「機場稅」之後，又按照指示趕往另一條長龍，又排了近二十分鐘才到了繳費櫃檯，原來是繳「都市特別捐」。這樣耽誤了遊客將近半個小時的時間，遊客們都怨聲載道。

倘若這個國家的機場將這兩個繳費櫃檯合併到一處，兩項款一起繳不知省下遊客多少時間，省下機場人員多少勞力。

其實，很多時候將事情做複雜的原因，大部分是一開始將事情想得過於複雜了，所以辦起來才顯得事倍功半、毫無效率可言。

成功和生活一樣，並沒有那麼難，只要我們按照單純精簡的行事原則對事情進行分析處理，就會從簡單中獲得不簡單的效果。

一個農場主人，讓他的孩子每天在農場裏辛勤工作，朋友對他說：「你不需要讓孩子如此辛苦，農作物一樣會長得很好的。」農場主人說：「我不是在培養農作物，我是在培養我的孩子。」培養孩子很簡單，讓他吃點兒苦頭就可以了。

住在田邊的青蛙對住在路邊的青蛙說：「你這裏太危險，搬來跟我住吧！」路邊的青蛙說：「我已經習慣了，懶得搬了。」幾天後，田邊的青蛙去探望路邊的青蛙，卻發現牠被車子軋死了。掌握命運的方法很簡單，遠離懶惰就可以。

一家商店每天晚上所有的燈都是亮的，有人問：「你們店到底是什麼牌子的燈管，那麼耐用？」店家回答說：「我們的燈管也常常壞，只是壞了就換而已。」保持明亮的方法很簡單，只要常常換就可以了。

一個網球教練對學生說：「如果一個網球掉進草叢裏，應該怎樣找？」有人答：「從草叢的最凹處開始找。」有人答：「從草叢的最低處開始找。」教練宣佈他的答案：「按部就班地從草地的一頭，搜尋到草地的另一頭。」尋找成功的方法很簡單，從一數到十不要跳過就可以了。

一隻小雞在破殼而出的時候，剛好有一隻烏龜經過，從此以後，小雞就背著蛋殼過一生。擺脫沉重的負荷很簡單，放棄固執成見就可以了。

幾個孩子很想成為一位智者的學生，智者給他們一個人一個燭臺，叫他們要保持光亮。一天、兩天過去了，智者都沒來，大部分小孩子已不再擦拭那個燭臺。有一天智者突然到來，大家的燭臺上都蒙上了厚厚的灰塵，只有一個被大家叫作「笨小孩」的小孩，雖然智者沒來，但他每天都擦拭，結果這個笨小孩成了智者的學生。實現理想很簡單，只要實實在在地做就可以了。

一個年輕人在腳踏車店當學徒。有人送來一部有毛病的腳踏車。年輕人不僅將車修好，還把車子整理得漂亮如新，其他學徒笑他多此一舉。但車主將腳踏車領回去的第二天，年輕人就被挖到那位車主的公司上班。要獲得機會很簡單，勤勞一點兒就可以了。

是的，生活就是如此簡單，成功也是如此簡單。回過頭來我們再分析老子的話，很輕鬆地就能感受到老子「治人、事天，莫若嗇」的大智慧：不要將事情想得過於複雜，否則我們的思維、行動都將被束縛。

在這個瞬息萬變的時代，精簡是非常重要的。寫文章要精簡、說話要精簡，做事更得精簡。只有簡單自然，才能突出內在的價值。不要以爲成功多麼複雜，也不要以爲生活多麼困難，只要遵循簡單原則，我們的生活就會不簡單。

6 善於觀察，於無形處發掘「有形」

故常無，欲以觀其妙；常有，欲以觀其徼。

——《道德經》第一章

應該從經常不見其形之處體察「道」（「無名」）的奧妙，應該從經常顯露其形之處體察萬物（「有名」）的終極。

無論是在經常看不見之處體察「道」，還是在經常顯露之處體察萬物，老子認爲在事情有形的外部表現與無形的內在聯繫上，都能夠找到做事的方法。

歷史上有不少人能夠如老子所說：「故常無，欲以觀其妙；常有，欲以觀其徼。」於無形處入手發現事物潛在的解決之道，達到了成功的目的。

人們常說：「精彩無處不在，關鍵在於發現。」的確是這樣。生活中人們一旦靜下心來，便能發現許多原本察覺不到的美；做事只要善於觀察，就能夠在毫無頭緒的情況下，找出頭緒並順利完成。開動我們的大腦，有時候答案就藏匿於有形與無形之間。

法國格洛阿是位天才數學家。有一天，他去找朋友魯柏，來到羅威艾街的一幢四層樓的公寓，走進二樓九室。

看門的女人這樣告訴他，魯柏先生在兩星期以前就死了，是被人用刀子刺死的。魯柏先生父母剛寄來的錢也被偷去了，犯人還沒有抓到。

這女人抽了抽鼻子繼續說：「魯柏是我的同鄉，我每次做餡餅，總要給他嘗嘗。他死的時候，兩手還緊緊握著沒吃完的半塊餅。員警也感到迷惑，一個腹部受了重傷都快要死的人，為什麼要抓住那小塊餅呢？」

格洛阿問：「有沒有犯人的線索？」

看門的女人回答：「請說得輕一點兒，犯人肯定住在這幢公寓裏。出事前後，我都在值班室裏，沒見有人進這公寓。可是這公寓有六十個房間，上百人……」

格洛阿發動「腦細胞」，幫助尋找殺害他朋友的兇手。默默地過了幾分鐘後，格洛阿問：「三樓有幾個房間？」看門的女人答：「一號到十五號。」

然後格洛阿讓看門的女人帶他去看，走到三樓的走廊盡頭的時候，這位數學家問道：「這房間住的是誰？」看門的女人說：「是個叫朱塞爾的人，是個浪蕩子，愛賭錢，好喝酒，他昨天已經搬走了。」

「糟糕！這個傢伙就是殺人犯！」格洛阿下了斷語。後來朱塞爾落入了法網，這事確實是他幹的。

大家來猜猜看，格洛阿是如何得出這樣的結論的？其實他的思路是這樣的：被害人手裏緊握著的餡餅是一種暗示，餡餅英語叫「pie」，而諧音在希臘語就是「π」。大家知道它代表圓周率，即三點一四，這塊餡餅所暗示的就是兇手住在三樓十四號房間。魯柏先生也喜歡數學，這就是他臨死時極力想留下的有關兇手的線索。

每一個人都天生具有思考的能力，思考表像很容易，但剝離表像的掩蓋去思考真理卻要難得多，其中需要付出的努力遠遠超過做其他的任何事情。

對無形處的細心分析與把握，挖掘出處理事情的「辦法」，這是真正決定成敗的關鍵因素。毫不誇張地說，這是一種本領，更是一種智慧，它需要人們能夠聯繫事情的各方各面，甚至一些被人們遺忘的方面也要想到。只有這樣，才能在這些看似毫無頭緒、錯綜複雜的事情中理出頭緒。

7 窮則變，變則通

開其兌，濟其事，終身不救。
——《道德經》第五十二章

若遇事來臨時，只憑自己的感覺、記憶、印象及價值觀來決定行爲，而不能就事論事採取客觀平等的態度去行爲，則生活必然終生受挫，也無法真正地解決問題。

許多已經成形的思想或理念，在行動中常常支配著我們的行動，使我們的頭腦逐漸懶惰起來，不願意跳出固定思維模式，老子說：「開其兌，濟其事，終身不救。」意即憑藉自身的感覺、記憶爲行動指導、不能客觀對待事情，便很難解決問題。唯有一種「跳出三界外，不在五行中」的客觀態度，掙脫思想枷鎖的束縛，才能就事論事將問題解決掉。

一些人人稱羨的發明家、企業家，和一般人最不一樣的地方在於，他們勇於用創新的角度思考，並且積極掌握機會，讓他們的人生和事業獲得跳躍式的成長。

一九七二年，美國民主黨大會提名麥高文競選總統，對手是共和黨的尼克森。

不久後，麥高文宣佈放棄他的副總統競選夥伴參議員伊哥頓。一個十六歲的年輕人看到了這個機會，立刻以五美分的價格買下了全場五千個已經沒用的麥高文及伊哥頓的競選徽章及貼紙。然後，他以稀有的政治紀念品為名，立刻又以每個廿五美元的價格兜售這些產品，小賺了一筆。

這個年輕人成功的原因在於他能非常迅速地把握機會。雖然他這種苦心策劃沒有造成社會民眾的搶購狂潮，然而，就是這樣的精神，使得這個年輕人日後能看到其他人沒有看到的機會。這個年輕人，就是大名鼎鼎的微軟公司的創立者比爾．蓋茨。

事實上，有很多影響人類生活的發明，例如微波爐、圓珠筆等產品，都不是專業人士的傑作，而是一些普通人的神來之筆。這些發明使得人類的生活發生極大的改變，更使發明者成爲人人羨慕的創業家。這些人與一般人的不同之處就在於，他們能從創新的角度思考，在自己的人生以及事業上追求突破，才能達到今天的成就。

要有創新的思考角度，並不需要像愛因斯坦或是其他偉人一般，摒棄一切傳統的看法。只要讓腦筋轉個彎，哪怕只是個小弧度。要在事業或生活上創新突破，秘訣是更聰明地做事，而不是更努力工作。要更聰明地做事，就要學會創造性思考，並且努力落實這些想法，才能創造突破。

如果有人問你，由兩個阿拉伯數字「一」所能組成的最大的數是多少？你肯定很快就會回答說是「十一」；那麼三個「一」所能組成的最大的數是多少？你也會很快就回答說是「一百一十一」；如果再問由四個「一」所能組成的最大的數是多少？恐怕你也會很快地回答說是「一千一百一十一」。

這個答案對嗎？難道就沒有比「一千一百一十一」更大的數了嗎？認真思考一下，你就會知道由四個「一」所能組成的最大的數應該是「十一」的「十一次方」。爲什麼你沒有想到這樣的答案呢？這樣的情況通常被我們叫作思維定式。這樣的思維方式在我們每個人身上都存在，它可以使我們省去很多摸索的思考時間，提高思考的效率，但它卻不利於創新思考。要想有所創新，我們就必須突破思維定式。

日本的東芝電器曾經在一九五二年的時候積壓了大量的電扇，七萬多名職工為了打開銷路，搜腸刮肚地想了很多辦法，但卻都是毫無起色。有一天，一個小職員想到了一個辦法——改變電扇的顏色。當時，全世界的電扇都是黑色的，沒有人想到電扇也可以做成其他顏色。這一建議引起了東芝董事長的重視，經過研究，公司採納了這個建議。第二年夏天，東芝推出了一批淺藍色的電扇，在市場上掀起了一陣搶購熱潮，幾個月之內就賣出了幾十萬台。從此以後，在日本乃至全世界，電扇都不再是一副黑色的面孔了。

一般人總以為跳躍是危險的，但事實上，跳躍也可以安全而快速。要創造跳躍式的突破，首先要捨棄目前慣有的商業模式，尋找周圍被忽略的機會，並且學習其他產業創新的經營模式及想法。觀察其他產業的經營模式之後，或許你會很驚訝地發現，很多原則應用到你的事業也同樣適合。最後，你將發現，花同樣的時間、人力及資本，卻可以達到更好的結果。

例如，大多數人都對麥當勞的創立人雷蒙・克羅克的名字耳熟能詳，但實際上，克羅克並不是最先創立麥當勞的人。麥當勞最先由麥當勞兄弟所創立，但是他們未能預見麥當勞的發展潛力，因此他們將麥當勞的觀念、品牌以及漢堡等產品，賣給從事銷售工作的克羅克，讓他繼續經營。

克羅克以獨特的行銷策略，將麥當勞以連鎖店的形態推廣至全世界，變成今天規模數十億美元的龐大企業。克羅克抓住了麥當勞兄弟原先忽略的機會，改變原有的經營模式，因而實現了自己事業上的突破。

如果你以為，那些成功創新的人，一定都是絕頂聰明的人，那你就錯了。事實上，大部分的事業突破，都是一般人在現有心智模式下產生的。關鍵不在於你夠不夠聰明，而在於你的態度：你是否願意抓住機會，善加利用。

8 不必煩惱，方法總比問題多

大道廢，有仁義；智慧出，有大偽；六親不和，有孝慈；國家昏亂，有忠臣。
——《道德經》第十八章

大道毀壞之後，才產生仁義。智巧出現之後，才產生虛偽。六親不和之後，才產生孝慈。國家昏亂之後，才產生忠臣。

憂愁和煩惱通常會使人的情緒波動，原本能夠做好的事情都無法做好。老子面對這種情況提出了「大道廢，有仁義；智慧出，有大偽；六親不和，有孝慈；國家昏亂，有忠臣」的觀點。在老子看來，任何困難都不必過於煩惱，總會找到解決的辦法。

美國成功學家格蘭特納說過這樣一段話：如果你有自己繫鞋帶的能力，你就有上天摘星星的機會！一個人對待生活、工作的態度，是決定他能否做好事情的關鍵。很多人在工作中尋找各種各樣的藉口，抱怨命運對自己的不公，然而這一切並不能換來所謂的公正。唯有用平靜的心態去面對生活中的種種境遇，才能去除生活中的煩惱，解決那些看似無解的難題。

一個小男孩晚上與家人一起玩牌，連續幾次抓的牌都很差，結果全輸了，於是他開始抱怨自己手氣不佳、運氣不好。這時，男孩的母親突然停止了玩牌，嚴肅地對小男孩說：「無論你手中的牌怎樣，你都必須接受它，並盡最大努力玩好自己的牌！」小男孩望著母親那嚴肅認真的面孔，愣了愣神。只聽母親接著說道：「人生也是如此，上帝為每個人發牌，你無法選擇牌的好壞，但你可以用好的心態去接受現實，並竭盡全力讓手中的牌發揮出最大的威力，獲得最好的結果。」

從此以後，小男孩一直牢記著母親的這番教誨。他不再抱怨自己的命運，而是以良好的心態去迎接人生的每一次挑戰。就這樣，他從德克薩斯州的農村默默無聞地走了出來，一步步成為陸軍中校、盟軍統帥、美國總統。這個小男孩，就是美國第三十二任總統——艾森豪。

人們在工作中會遇到很多困難。但困難是死的，人是活的。活的人去解決死的困難，方法就像通往羅馬的路一樣有很多。我們可以從不同角度入手，去思考它、研究它，找到多種解決困難的辦法。

阿基米德是世界上偉大的數學家之一，他就遇到過一件很棘手的事情：敘拉古城當時的統治者海厄羅王為了報答諸神的恩澤，決定建造一個華貴的神

龕，內裝一個純金的金冠作為祭祀物。金匠如期完成任務，這時有人告密說金匠私吞了部分金子，企圖用等重的銀子摻入蒙混過關。憤怒但無法判斷確有其事的國王請來了阿基米德做鑒定。

面對這個無法用常規數學方法解決的問題，阿基米德一時也想不出辦法。但他並沒有因為想不出辦法而愁眉不展。相反，他嘗試著運用各種方法去解決這個難題。最終，阿基米德在用澡盆洗澡時突受啟發，豁然開朗，利用浮力辨出了金冠的真假，也讓他成功地發現了浮力定律。

有人說過這樣一句話：「前方是絕路，希望在拐角。」當我們認爲困難無法解決時，就好像到了絕路一樣。這個時候困難就像橫在我們面前的河，你要突破它的阻礙，可以從橋上過去，也可以坐船過去，還可以自己游過去。事實上，每一種困難都有多種解決辦法，關鍵在於面對困難的時候，不是知難而退、被困難所嚇倒，而是迎難而上，不斷想方法、找辦法。這也是成功與失敗的差距。

俗話說：「沒有翻不過的火焰山，沒有蹚不過的流沙河。」相信自己，遇到困難要以積極向上的態度去對待。如若遇到困難首次失敗之後，不能耐著性子去嘗試解決，那麼愛迪生永遠發明不出來燈泡，飛機也永遠上不了天，一切不能一次成功的東西都將在這個世界上消失。

第九章 品人生——「以其不爭，故天下莫能與之爭」

有些人，會為了利己而主動去思考和做事，雖然未必不道德，卻必定是功利的，而且很容易走向自私自利、損人利己。而有的人，已經超越了自身，而開始考慮利人，譬如為了道義、公益、眾生福祉而去做事。他們的眼界已經超越自身而投向了世間，胸中氣象和站立高度已經抵達精神層次。

1 得意時莫忘形

魚不可脫於淵，國之利器不可以示人。
——《道德經》第三十六章

魚必須隱藏在深淵之中，不可離水而居。國家的有效武器不可以輕易展示於人。「魚不可脫於淵，國之利器不可以示人。」揭示的正是老子小心謹慎方面的智慧。這是老

子對眾人的一個「得意時不要忘形」的忠告：讓人們在得勢之後一定要居安思危，存在一定的隱患之心，才能讓自己的「得意」更長久。

炎炎夏日，蚊蟲肆虐，人們對此深惡痛絕。牠們雖不易滅絕，但卻容易捕殺，原因很簡單，牠們時常得意忘形，把自己推上死路。

如果仔細觀察就會發現，有些蚊子在吸食人畜的血液時，在沒有受到驚擾的情況下，牠會一個勁兒地吸，直到飛不動或勉強能飛往一處自認為安全的地方休息，安於享受成功。此時牠們吃飽喝足的身體已變得遲鈍，完全忽視了危險的存在。而這正是牠們接近死亡的時刻，若現在想殺死牠，已無須奮力拍打，只需輕輕一按，牠們便一命嗚呼。

蚊子的死是罪有應得，但牠給我們的啟示卻是深刻的：一個人經歷千辛萬苦換來成功的甘果時，是手捧觀之、得意揚揚，還是保持冷靜視之為過去，重新設定新的目標，並加倍努力實現之。選擇前者，就選擇了和蚊子一樣的命運；選擇後者，成功的甘甜將會始終伴隨左右。

「得意時不忘形」在現實中更多地表現為懂得居安思危。其實，居安思危的道理人人曉得，但真正做起來，就沒有幾個人能貫徹始終了。人在安逸的環境中，總以為苦難遠在天邊；人在得意時，總認為快樂可以長久。其實，一時的得意並不能說明自己以後便高枕無憂，如果那樣就大錯特錯了。

前秦皇帝苻堅剛上臺時，做事謹慎，善於聽取不同的意見。苻堅統一北方後，變得自命不凡起來。他對大臣們說：「我東征西伐，沒有誰是我的對手。現在我準備征服晉國，一統天下，相信定會馬到成功。」

丞相王猛這時已死，他臨終曾告誡苻堅不可伐晉。太子苻宏於是以王猛的遺言為由，勸諫苻堅說：「從前王猛丞相主張不能對晉國用兵，是因為我國內部還不穩定，而晉國也無敗亡之相。現在這種情況並沒有太大的改變，父皇還是不出兵的好。」

苻堅說：「我國正處盛時，這時候攻打晉國，不是最好的時機嗎？現在國內大治，人心穩定，你說的一點也不對。」

對形勢盲目樂觀的苻堅決心開戰，大臣道安急忙出來相勸。他說：「皇上統一北方不久，人心並沒有真正歸附，許多不甘心失敗者還蠢蠢欲動。現在皇上雖有百萬大軍，可有不少還是剛剛歸順的，他們的戰鬥力並不強大。皇上應當看到這些不利情況，萬不可為表面的強盛所迷惑啊！」

道安說的都是實情，但苻堅聽了卻感到分外刺耳。心有異志的鮮卑人慕容垂為了自己的打算，極力擁護，苻堅伐晉的主張就這樣輕率確定了。

事後，慕容垂對他的心腹說：「苻堅狂妄自大，他是被先前的勝利衝昏頭腦了。我慫恿他伐晉，一旦天下大亂，我們鮮卑人就能趁機復國了。」

苻堅出征之前，仍有忠貞的大臣苦苦相勸，說：「皇上現在回頭，也不為晚啊。要知晉國君臣合心，百姓安定，皇上無故出兵，他們一定會拚死反抗。而我軍人員複雜，來源不一，有小小的失敗都可能引起大的波動。一旦出師不利，國家就有瓦解的危險，皇上不該不計利害啊！」

苻堅堅持用兵，結果正像勸諫者所預料的那樣，前秦大敗。不久，苻堅被殺，他的國家也滅亡了。

苻堅是個很有能力的君主，否則，他也不能統一北方。他的失敗是因為他太相信自己的能力了，看不到自身的弱點，結果做出了十分錯誤的決策。

有能力的人能幹大事，同樣，有能力的人也最容易驕傲。驕傲可以使人過高地估量自己，進而在力不從心的事情上失敗。

成功永遠是相對的，在成功之時，危機並不是被永遠消滅了，而是潛藏起來了。看不到這些隱患，高枕無憂地大肆行樂，隱患便會悄悄增長，直到有一天浮出水面。促使成功的奮鬥精神和積極力量一旦消退，導致失敗的各種要素就要強勁反彈，把成功化爲烏有了。

2 當於靜處品人生

致虛極，守靜篤。

——老子《道德經》第十六章

達到心靈虛寂的極點，保持清靜的心情。

老子說「致虛極，守靜篤」，講的就是要我們以一種虛空的心態，去守靜與守篤。「守靜」就是守住安靜的心情；「守篤」就是守住實在。

外表看似安靜的人，他的內心不一定平靜；真正的安靜是實在的、踏實的，所以很舒服，而不是一靜下來，心裏就空得慌。

爲什麼我們要那麼緊張？能不能不緊張呢？今天的生活太緊張，把自己逼迫得太厲害，瘋狂地賺錢、工作，結果得不償失，所得到的物質財富並不能彌補失去的精神財富。那麼，我們何不學學老子「致虛極，守靜篤」的智慧，讓自己的心平靜下來，品味生活的樂趣呢？

有一位成功的商人，雖然賺了幾百萬美元，但他似乎從來不曾輕鬆過。

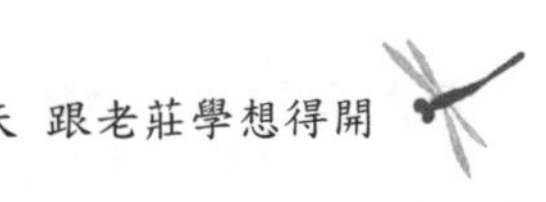

他下班回到家裏，踏入餐廳中。餐廳中的傢俱都是胡桃木做的，十分華麗，有一張大餐桌和六把椅子，但他根本沒去注意它們。

他在餐桌前坐下來，但心情十分煩躁不安，於是他又站了起來，在房間裏走來走去。他心不在焉地敲敲桌面，差點兒被椅子絆倒。

他的妻子走了進來，在餐桌前坐下。他說了聲你好，一面用手敲桌面，直到一個僕人把晚餐端上來為止。

他很快地把東西一一吞下，他的兩隻手就像兩把鏟子，不斷把眼前的晚餐「鏟」進口中。

吃完晚餐後，他立刻起身走進起居室。起居室裝飾得富麗堂皇，義大利真皮大沙發，地板鋪著土耳其手織地毯，牆上掛著名畫。他把自己投進一張椅子中，幾乎在同一時刻拿起一份報紙。他匆忙地翻了幾頁，急急瞄了瞄大字標題，然後，把報紙丟到地上，拿起一根雪茄。他一口咬掉雪茄的頭部，點燃後吸了兩口，便把它放到煙灰缸去。

他不知道自己該幹什麼。他突然跳了起來，走到電視機前，打開電視機。等到畫面出現時，又很不耐煩地把它關掉。他大步走到客廳的衣架前，抓起他的帽子和外衣，走到屋外散步。

他這樣子已有好幾百次了。他在事業上雖然十分成功，卻一直未學會如何放鬆自己。他是位緊張的生意人，並且把他職業上的緊張氣氛從辦公室帶回家裏。

這個商人沒有經濟上的問題，他的家是室內設計師的夢想，他擁有四部汽車。可以說，這個商人已經擁有了一切所需，然而他卻不懂得如何去享受這些生活、享受這些快樂。因此他是不快樂的。

在這個日益繁雜的社會中，大多數人都變得如同這個商人一般焦躁不安、迷失了快樂。唯一可以改變這種狀態的辦法，便是保持心靈的寧靜，在靜處細心體味生活的點滴，讓生活重歸寧靜。

老街上有一鐵匠鋪，鋪裏住著一位老鐵匠。由於沒人再需要他打製的鐵器，現在他以賣栓狗的鏈子為生。

他的經營方式非常古老。人坐在門內，貨物擺在門外，不吆喝，不還價，晚上也不收攤。無論什麼時候從這兒經過，人們都會看到他在竹椅上躺著，微閉著眼，手裏是一個收音機，旁邊有一把紫砂壺。

他的生意也沒有好壞之說。每天的收入剛好夠他喝茶和吃飯。他老了，已不再需要多餘的東西，因此他非常滿足。

一天，一個古董商人從老街上經過，偶然間看到老鐵匠身旁的那把紫砂壺。那

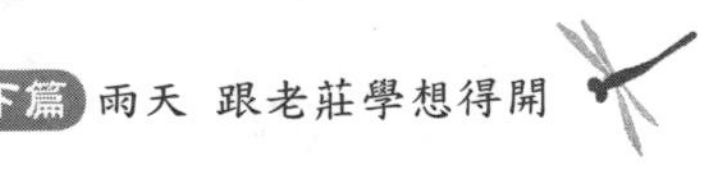

把壺古樸雅致，紫黑如墨，有清代製壺名家戴振公的風格。他走過去，順手端起那把壺。

壺嘴內有一記印章，果然是戴振公的。商人驚喜不已，因為戴振公在世界上有捏泥成金的美名。據說他的作品現在僅存三件：一件在美國紐約州立博物館；一件在臺北故宮博物院；還有一件在泰國某位華僑手裏，是他一九九五年在倫敦拍賣市場上，以六十萬美元的拍賣價買下的。

商人端著那把壺，想以十五萬元的價格買下它。當他說出這個數字時，老鐵匠先是一驚後又拒絕了，因為這把壺是他爺爺留下的，他們祖孫三代打鐵時都喝這把壺裏的水。

雖沒賣壺，但商人走後，老鐵匠有生以來第一次失眠了。這把壺他用了近六十年，並且一直以為是把普普通通的壺，現在竟有人要以十五萬元的價錢買下它，他有點兒想不通。

過去他躺在椅子上喝水，都是閉著眼睛把壺放在小桌上，現在他總要坐起來再看一眼，這讓他非常不舒服。特別讓他不能容忍的是，當人們知道他有一把價值連城的茶壺後，總是擁破門。有的問還有沒有其他的寶貝，有的甚至開始向他借錢，更有甚者晚上也推他的門。他的生活被徹底打亂了，他不知該怎樣處置這把壺。當那位商人帶著三十萬現金第二次登門的時候，老鐵匠再也坐不住了。他招來左右鄰居，拿起一把斧頭，當眾把那把紫砂壺砸了個粉碎。現在，老鐵匠還在賣拴小狗的鏈子，據說今年他已經一百零一歲了。

能在一切環境中保持寧靜心態的人，都具有高貴的品格修養。每個人都應努力培養自己心理上的抗干擾能力，才能達到「致虛極，守靜篤」的境界。

人生如茶。唯有我們靜下心來細細地品味它，才能品嘗出茶中的芬芳。如果如牛飲一般開懷暢飲，嘗到的只有苦澀或無味。

3 淡泊名利，順其自然

天長地久，天地所以能長且久者，以其不自生，故能長生。是以聖人後其身而身先，外其身而身存。非以其無私邪？故能成其私。

——《道德經》第七章

天有無限那麼大，地有「永恆」那麼久。天、地為什麼能夠如此長久？因為它們從來不在意自己的存在，不認為自己屬於自己所有，不為自身做任何事情。聖人們「見利好」就抽身而退，也把自身置之度外，所以能保全生存。這難道是因爲天、地、聖人都無私嗎？不是的，這樣其實是成就了他們的「大私」。

西方人認爲，天地萬物是由上帝創造出來的。《聖經》裏說，上帝用六天的時間創造出了光明與夜晚、山川湖泊、草木蟲魚以及人類，所以在西方人的眼裏，上帝是最高最大的。中國古代也有類似的傳說，只不過中國人認爲是天地孕育了萬物，萬物的代謝，都由天地掌控，所以，天地在人們心中是最偉大的。可是，既然天地孕育了萬物，那麼爲什麼會讓它們生生死死、來往不休呢？可見還真是有點問題。

對此，老子早就給出了一個答案。他說，天地能夠長久，是因爲它自己不關注自己的存在，因此能夠無窮無盡，綿綿流長。當然，老子這裏注重的不是談論天地，而是說的「聖人」。他提出，既然天地這樣無私，聖人也是同樣的道理。聖人總是以天下爲先，以別人爲先，而不考慮自己，因此才稱其爲聖人。

在這裏，老子還調侃了聖人們一下：聖人不是不考慮自己、很無私嗎？不，這樣成就的是他的「大私」。不過，我們看來，這種「大私」恰恰是對人類社會非常有益的。

居里夫人是世界上唯一一位曾經兩次獲得諾貝爾獎的科學家。在早年和丈夫皮埃爾．居里一起進行研究的時候，生活儉樸，不求名利。居里夫婦成名後，各種勳章、獎章和榮譽紛至遝來，但是他們沒有把這些放在心上，甚至視之如廢物。一九〇二年，居里先生收到了法蘭西共和國大學理學院的通知，說是將向部裏提出申請，須發給他榮譽勳章，以表彰他在科學上的貢獻，務請他不要拒絕接受。夫妻倆商量了一下，回信說：「請代向部長先生，表示我的謝意。並請轉告，我對勳章沒有絲毫興趣，我只亟須一個實驗室。」

一次，居里夫人的一位朋友應邀到她家做客，進屋後看見居里夫人的小女兒正在玩弄英國皇家協會剛剛授予居里夫人的一枚金質獎章，驚訝地說：「這枚體現極高榮譽的金質獎章，能得到它是極不容易的，怎麼能夠讓孩子玩呢？」居里夫人卻說：「就是要讓孩子從小知道榮譽這東西，只是玩具而已，只能玩玩，絕不可以太看重它，如果永遠守著它，就不會有出息。」

這可以說是對名利淡泊到一定境界了，所以才能夠在科學事業上做出令人無法企及的成就。我們假設，居里夫人獲獎後，忙於出書、做演講，參加各種社會活動，那麼她的科學事業必將陷於停滯，也許生前能夠熱鬧一時，但是在爲人類做出巨大貢獻後在科學史上的地位方面，必將改寫。居里夫人的做法，正應了老子的「聖人後其身而身先，外其身而身存」，因此「能成其私」。如果從老子的視角去看，居里夫人屬於「聖人」的層次了。

老子的這種思想對後世影響深遠。西漢時期，淮南王劉安招募了諸多賓客，主持編纂了著名的《淮南子》，這本書反映了道家的思想。

其中《道應訓》一文中，有公儀休相魯故事。大致是說公儀休在魯國做宰相，他非常喜歡吃魚，魯國的人知道後就爭著買魚獻給他，可是公儀休都拒絕了。他的弟弟疑惑不解，就奇怪地問：「您既然這麼喜歡吃魚，卻不接受別人送的魚，這是為什麼呢？」公儀休說：「就是因為我太喜歡吃魚了，所以才不接受人們送給我的魚。如果我接受了，必定不敢責求別人的不正當表現，那就會違法曲斷。倘若因違法被免去宰相的職務，即便是我喜歡吃魚，那些人也不會再送給我魚了。這時連我自己也不能供給自己魚了。如若當今我不接受別人送給我的魚，宰相的位子自然是免不去，即便不接受別人送的魚，我也能經常自己供給自己魚吃。這就是明著是為別人，實際上是為自己呀。

這也就是老子說的：「後其身而身先，外其身而身存。非以其無私邪？故能成其私。」公儀休的話深受老子的影響，因此他更加深切明白以天下為公、保持淡泊無奇心境的道理。古人對聖人的追慕，不僅僅是行動上的體現，還有那種對心境的錘煉。

在中國古代官員仕途上，升遷有時是一種難以預測的事情，那就更需要官員用淡泊的心境處之。唯有如此，才能保持健康的心態。

大家都熟知中國宋代歷史上著名的宰相司馬光，他曾經主持編纂了鴻篇巨制《資治通鑑》，可是他的仕途也是坎坷崎嶇，幾度升遷。失意時也曾一度消沉，但是他酷愛看書的習慣沒有改變，經常與一幫人喝酒論道，談古論今。在他升遷之後，經常日理萬機，閒暇之餘也會與那些昔日的舊友互通往來，鴻雁傳書。書信中不免喜憂哀樂，訴諸筆端，當然也有許多人慨歎懷才不遇，希望哪一天有人推薦一展抱負。司馬光對此都了然於胸，他也是有選擇地推薦了一些人，劉器之就是其中之一。

一天，劉器之來訪，司馬光就問他：「你知道我為什麼推薦你嗎？」劉器之笑著回答說：「當然因為我們是老相識了。」司馬光聽後哈哈大笑，反問道：「我的舊友故交那麼多，若是僅僅因為思念舊友，朝廷裏不都是舊友故知了？」劉器之聽後一句話也說不上來，司馬光接著說：「當我賦閑在家的時候，你經常去看望我。咱們一塊坐而論道，互抒己見，有時還因為意見不同而爭得臉紅脖子粗。當時，我的心境不好，你卻經常寬慰我，鼓勵我。我當時無權無勢，是你在真正幫我。後來我做官之後，凡是那些與我有過一面之交或者是數語的泛泛之交，都紛紛來信，要我提拔。只有你從來不給我來信。你並不是那種因為我居高位就依附於我的人，對我無求，依然能夠安心做學問！對失意的人照顧有加，並不打擊；對得意的人並不吹捧，這就是你與其他人最大的差別，因此我就推薦了你。」劉器之聽後，不禁慨歎司馬光對他理解，他也對司馬光加深了認識。

劉器之正是因爲有如此心態，才會被司馬光推薦。

老子的話真是透徹。劉器之的表現可能不是自己刻意去這樣做，而是長期錘煉養成的，在不知不覺中潛移默化，逐漸由凡入聖，暗合道家聖人的軌跡。

所以老子說：「非以其無私邪？故能成其私。」只有能夠放下一些人們所追求的「私欲」，才能成就「大私」。

淡泊無奇不是禁欲修行，而是能夠時刻不忘記自己的角色和目標，抵禦住各種各樣的誘惑，在自己的領域裏不斷攀升。這樣，能夠成就的才是「大私」，是對社會、對他人都有益的一種「私」。

4 寵辱不驚，淡看人生枯榮

寵為下，得之若驚，失之若驚，是謂寵辱若驚。

——《道德經》第十三章

寵代表利益，辱代表災禍；得到災禍會恐懼，一心想遠離；得到利益也會恐懼，因爲不知何時會失去。因此，得到也心驚，失去也心驚，這就叫作「寵辱都會讓人心驚」。

老子曾經說過：「寵爲下，得之若驚，失之若驚，是謂寵辱若驚。」意思是說，人們倘若將榮辱得失過於放在心頭，在得到和失去時都會心驚：沒有時怕得不到；憑空得到後又怕失去。人們一旦整天生活在得失的心驚之中，沒有病也會被折騰出病來的。

生活中就是有這麼一些人，整天被籠罩在患得患失的陰影之中，心裏被得失紛擾得寢食難安，終日憂心忡忡。

在一個很大的寺院裏面，住著一個游方化緣的和尚。這個廟的香火很盛，經常有人來上供一些好東西。這個和尚就把這些東西賣掉，慢慢地積攢起一大堆錢。自從有了這些錢以後，和尚整天疑神疑鬼。無論白天黑夜，他都把這些錢抱在自己的懷裏，不敢有一時鬆懈，生怕丟失或被別人偷走了。每天每夜，他都感到心神不寧，痛苦不堪。

古人說：「得不喜，失不憂。」這話說起來不難，做起來卻並非容易。

從前有一位神射手，名叫后羿。他練就了一身百步穿楊的好本領，立射、跪射、騎射樣樣精通，而且箭箭都射中靶心，幾乎從來沒有失過手。人們爭相傳頌他高超的射技，對他非常敬佩。

夏王也從左右的嘴裏聽說了這位神射手的本領，也目睹過后羿的表演，十分欣賞他的功夫。有一天，夏王想把后羿召入宮中來，單獨給他一個人演習一番，好盡情領略他那爐火純青的射技。

於是，夏王命人把后羿找來，帶他到御花園裏找了個開闊地帶，叫人拿來了一塊一尺見方、靶心直徑大約一寸的獸皮箭靶。夏王用手指著說：「今天請先生來，是想請你展示一下精湛的本領，這個箭靶就是你的目標。為了使這次表演不至於因為沒有競爭而沉悶乏味，我來給你定個賞罰規則：如果射中的話，我就賞賜給你黃金萬兩；如果射不中，那就要削減你一千戶的封地。現在請先生開始吧。」

后羿聽了夏王的話，一言不發，面色變得凝重起來。他慢慢走到離箭靶一百步的地方，腳步顯得相當沉重。然後，后羿取出一支箭搭上弓弦，擺好姿勢拉開弓開始瞄準。

想到自己這一箭出去可能發生的結果，一向鎮定的后羿呼吸變得急促起來，拉弓的手也微微發抖，瞄了幾次都沒有把箭射出去。后羿終於下定決心鬆開了弦，箭應聲而出，「啪」地一下釘在離靶心足有幾寸遠的地方。后羿臉色一下子白了，他再次彎弓搭箭，精神卻更加不集中了，射出的箭也偏得更加離譜。

后羿收拾弓箭，勉強陪笑向夏王告辭，悻悻地離開了王宮。夏王在失望的同時掩飾不住心頭的疑惑，就問手下道：「這個神箭手后羿平時射起箭來百發百中，為什麼今天跟他定下了賞罰規則，他就大失水準了呢？」

手下解釋說：「后羿平日射箭，不過是一般練習，在一顆平常心之下，水準自然可以正常發揮。可是今天他射出的成績直接關係到他的切身利益，叫他怎能靜下心來充分施展技術呢？看來一個人只有真正把賞罰置之度外，才能成為當之無愧的神箭手啊！」

面對得失成敗，不同人有不同的態度，但患得患失卻是不少人的通病。面對得失，斤斤計較，瞻前顧後，猶豫不決，吃著碗裏的，看著鍋裏的，「得之若驚，失之若驚」。

一個和尚肩上挑著一根扁擔信步而走，扁擔上懸掛著一個盛滿綠豆湯的壺子。他失足跌了一跤，壺子掉落到地上摔得粉碎，這位和尚仍若無若其事地繼續往前走。

這時，有一個人急忙跑過來說：「你不知道壺子已經破了嗎？」

「我知道。」和尚不慌不忙地回答道，「我聽到它掉落了。」

「那麼你怎麼不轉身，看看該怎麼辦？」

「它已經破碎了，湯也流光了，你說我還能怎麼辦？」

在得失之間，一定要有寓言中和尚那樣的心態：得則得之，失則失之。任何東西都是生不帶來、死不帶去的，何必讓自己飽受心驚的煎熬呢？

有這樣一個故事：清代有一位老童生，考了大半輩子，也沒有考上秀才。最後，他還是和兒子一起去參加科舉考試了。也許是失望太多的緣故，放榜的那天，老童生自己都不敢去看榜，只是讓自己的兒子去看看。兒子看榜回來，老童生正在洗澡。兒子興高采烈地告訴他，自己考取了，是第幾名。看著兒子的樣子，老童生臉一沉，訓誡兒子，考取個秀才，有什麼值得大驚小怪的！兒子趕緊收斂笑容，告訴父親，你也考取了，是第幾名。老童生聞言興奮地從澡盆裏跳出來，沒穿衣服就跑到院子裏大喊：「我考上了！我考上了！」

老童生很可笑。但是我們想想吳敬梓筆下的范進，不也是一樣嗎？用老子的話說，這就叫作「寵辱若驚」。人生在世，難免會遇到一些是是非非，經歷一些風風雨雨。在生活中，我們常常看到，人很難放下功名屈辱，也就是說，對此也很難看得開。當一個人有了成績的時候經常欣喜若狂，甚或得意忘形。如果遇到挫折則往往垂頭喪氣，甚至一蹶不振。但是老子很反對這樣，說這些人的毛病就是把自己看得太重了，如果根本感覺不到你自己的存在，你還會有什麼憂慮和困擾呢？

寵辱不驚不是一種表面的樣子，而是一種實實在在的內心修養。日本的白隱禪師的故事，也許能給我們一點兒啓發。

白隱禪師是位生活純淨的修行者，受到鄉里居民的稱頌，都認為他是個可敬的人。然而，一個突發的事件給他造成了不良的影響。附近鄉里有一家小店鋪，店主夫婦有個漂亮的女兒。有一天，老店主發現女兒的肚子無緣無故地大起來。好端端的黃花閨女，做出了這樣不可告人的事，令她的父母非常憤怒。在父母的一再逼問下女兒終於吞吞吐吐說出「白隱」兩字。大家尊敬的聖人竟然做這樣的事，老店主夫婦怒不可遏地去找白隱講理。然而，這位大師對這件事兒根本就不置可否，只是若無其事地說：「就是這樣嗎？」

孩子出生以後，就被送給白隱。這時候，這位受人尊敬的出家人已經是名譽掃地，大家都覺得他是一個偽君子，欺騙了大夥兒。但是白隱禪師並不以為然，他非常細心地照顧孩子，向附近的鄉民們乞討嬰兒所需的奶水和其它用品。人們往往對他白眼以對，有時候還冷嘲熱諷，不過總算是可憐孩子，多少給點施捨。白隱對這一切卻總是處之泰然，彷彿他是受託撫養別人的孩子一般。

一年以後，那位未婚先生子的姑娘終於不忍心再欺瞞下去，老老實實地向父母吐露真情：其實，孩子和白隱沒有關係，孩子的生父是在魚市工作的一名青年。老店主夫婦知道真相後，立即將她帶到白隱那裏，向他道歉，請他原諒，並將孩子帶回家自己撫養。白隱仍然是淡然如水，他沒有訴說自己的委屈，也沒有乘機教訓這一家人，只是在交回孩子的時候，輕聲說了一句：「就是這樣嗎？」彷彿什麼事也不曾發生過。

白隱禪師的行爲，和老子主張的寵辱不驚有異曲同工之妙。道家的人很注重對內心的修養，老子提倡的，實際上是一種把自己錘煉得寵辱不驚的心態。這自然是與社會現實中的勢利之交判若天隔。

唐朝的時候，有個叫盧承慶的幽州人也曾經遇到過一件奇怪的事情。他在考核官員業績的時候，發現一艘運送糧食的船隻因為發生事故沉沒了，他就找到負責此事的官員，給他評定業績功勞的時候評為「中下」。當盧承慶把這件事情告訴這位官員時，沒有想到這位官員既不高興，也不失望。盧承慶後來一想，船隻的沉沒是因為意外事故造成的，與這個官員並沒有直接的關係，因此就把該官員定為「中中」，誰知這個官員知道後還是一臉平靜，盧承慶驚歎道，像這樣的官員真是太難得了，這種寵辱不驚的情態真是少有。因此，就堅決將他評為「中上」。

老子所謂的寵辱不驚，只不過是對人心境錘煉的最基本要求。唯有如此，人才能肩負重任，才能有所成就，為天下蒼生謀利。

東漢中期著名官員第五訪，年幼時家境貧寒，曾經到豪門大族家裏打工掙錢奉養兄嫂。少年的艱辛，令他嘗遍了人間疾苦，對人民的遭遇有了更加深切的體會。長大以後，他被人舉薦當了郡守的總務長，處理地方上一些人事的任免以及其他政務。任職期間他兢兢業業，盡職盡責，政績顯著，很快就得到提拔，擔任了縣令。在上任之後，更是治縣有方，百業興盛。短短三年之內，相鄰幾個縣的人都紛紛湧入，該縣的人口激增。要知道，中國古代人口多了，勞動力就多，這是評價一個官員政績的重要標準。因為第五訪的卓越政績，他被朝廷提拔為甘肅張掖的太守。誰知上任後，就遇見了百年不遇的大旱。一連好幾個月，滴雨未下，焦土千里，莊稼更是顆粒無收。這時，一些豪家大賈趁機囤積居奇，抬高糧價，民眾無錢購買，怨聲載道。人民忍饑挨餓，奄奄一息。

第五訪看到民眾生活在水深火熱之中，心急如焚，寢食難安。為此，他當即決定開倉放糧，賑濟災民。在當時，糧庫開啟是需要朝廷批准的，其他官員都怕朝廷怪罪，因此遲遲不敢行動。他們打算先上報，然後再行動。可是，從甘肅到朝廷，路途遙遠，若不果斷採取行動，後果將不堪設想。因此，第五訪果斷地說：「我身為一郡之長，願意以自身性命挽救民眾。如若朝廷怪罪，那就我一人負責。」於是慨然打開糧倉，按照人口多少，賑災放糧。

事後，第五訪就把災情和開倉放糧的情況上報朝廷，皇帝知道後並沒有怪罪，反而嘉獎了他。第二年，第五訪率領百姓救災建業，恢復生產，在風調雨順的年景下，大獲豐收，官民喜氣洋洋，郡內一片太平，百姓們都對第五訪感恩戴德，稱之為「父母官」。

第五訪能夠急民眾之所急，以身爲天下，也正是老子所提倡的精神。

《菜根譚》裏說「寵辱不驚，看庭前花開花落；去留無意，望天上雲卷雲舒」，這樣的心境也正是人們在現代社會中面臨事物的大遷大動時所追求的。在現代社會中，我們應該到老子那裏尋找智慧，體會他所提倡的那種寵辱不驚的心境，追求他在此種心境之上以身托天下的境界。當然，寵辱不驚並不是要求我們什麼事兒都不關心，而是能夠在「寵辱」面前放開自己、放下自己，去思考、去實踐、想得更遠，從而使人生的境界更高。

觀世間萬事，既得之，則安之；既失之，亦安之。不患不得，亦不患得而復失。這是一種自然、曠達、超然的人生智慧。

5 不爭是最高明的「爭」

江海之所以能為百谷王者，以其善下之，故能為百谷王。是以聖人欲上民，必以言下之；欲先民，必以身後之。是以聖人處上而民不重，處前而民不害。是以天下樂推而不厭。以其不爭，故天下莫能與之爭。
——《道德經》第六十六章

江海所以能成爲百川歸往之地，因爲它處於低下的地位，所以才能成爲百川所歸往。所以「聖人」要上臨於人民，必須先對他們謙下。要做人民的表率，必須把人民放在前面。所以「聖人」居於上位，而人民並不感到負累；居於前面，而人民並不感到妨礙，天下樂於推戴他而不厭棄他。就是因爲他不與人競爭，所以天下沒有人能與他競爭。

做人處事，最難得的是修煉出一種平和的心態。老子提倡的「不爭」，就是修煉心態的一劑良藥。這種「不爭」，實際上是一種寬廣的胸懷，一種江海般的胸懷。

如果細讀《老子》，我們就會發現，老子很喜歡水。在《老子》中，有多處都提到水，還常常用水做比喻。如「善若水，水善利萬物，又不爭」。在這裏，老子用江海來作爲比喻，江

海之所以能夠稱爲百川的總匯，是因爲它「不爭」，陸地上的河流最終都會自動地流入大海，因此它能夠成爲「百川之王」。老子認爲，若是聖人想成爲人民的領導者，就要低調做事；要想統治好人民，就必須把自己擺在人民後面，使人民感覺不到負擔與妨礙。這樣，因爲他「不爭」，天下人就會推戴他而不感到繁重。得到天下人的推戴，天下就沒有人能夠和他爭。

老子生活的那個動亂年代已經過去了，與世無爭的思想也應該被賦予了新的含義。對現代的領導者來說，與世無爭首先是一種心境的修煉，從內心裏就知道自己的目標是什麼，選擇最佳的途徑去實現目標，而不是被外界紛繁複雜的事情迷惑，陷入無休止的爭鬥之中。只有這樣，才能不斷取得上級的信任、下屬的推戴和人民的滿意。從下面這個故事我們可以看出與世無爭的一個奧秘。

隋代的韋世康是一位被人稱作勤政愛民的官員，他出身名門大族，在十幾歲的時候就當了州縣的主簿，二十歲時就被任命為皇帝寢宮值班的警衛，還被封了漢安縣公，地位十分尊崇。韋世康也不是碌碌之輩，他才貌雙全，因此被宇文泰看中了，娶了宇文泰的女兒，在宇文泰稱帝后，他真是名副其實的駙馬爺了。但韋世康的卓越政治才能還體現在地方治理上，在北周曾擔任沔州、硤州刺史，後來北周滅了北齊，為了安撫地方就讓韋世康擔任地方的總管，他圓滿地完成了這項任務，深得官吏百姓的愛戴。北周末年，相州一帶發生叛亂，絳州深受影響。當時的丞相楊堅就讓他去駐守治理絳州。韋世康到任之後，當地的老百姓都願意服從，安居樂業，韋世康自己幹了幾年之後，也打算退休了。其實他本來就生性淡泊，不在乎官位升遷，加上朝局動盪，他也不免擔心。可是，朝廷不答應他辭職，他只能在絳州繼續幹下去，絳州的政績有目共睹，他就被提拔到朝廷做官。韋世康回朝之後，先後擔任禮部、吏部的尚書，可以說是位高權重，但是韋世康更是為人低調，生活上也是簡樸異常，善於成人之美，別人做了好事就大力宣傳，別人有過失時，也會妥善遮掩，更不會隨便議論。在管理任免上，他總是提拔那些德才兼備的官員，深受大家贊許。

母親去世之後，韋世康辭官回家守孝，但是隋文帝楊堅還沒有等他守孝期滿就讓他上任。韋世康一推再推，楊堅也不答應，韋世康只得繼續擔任吏部尚書。過了幾年，韋世康實在想退休了，在一次酒宴上他就正式向隋文帝提出辭官，可是隋文帝卻說，你就是躺著，也要再替我幹幾年。當時天下共設四處總管，並州總管是漢王楊諒，益州總管是蜀王楊秀，揚州總管是晉王楊廣，全是隋文帝楊堅的親兒子，只有荊州總管，任命了異姓的韋世康。這在當時真是莫大的榮耀。

韋世康能有如此高位，也是因爲他爲人謙讓、與世無爭，不僅老百姓願意服從他的管理，而且官員們對他很景仰，還深得皇帝的信賴，這不能不令後人欣羡呀。

與世無爭的另一個奧秘就是能夠認識到周圍環境，從而避免別人來「爭」，這樣自己也就可以達到「與世無爭」的境界。老子認爲，人不應該片面地強調與別人爭強鬥勝，而是在紛亂的事務中保護好自己，要不斷地超越自己、提升自己，贏得別人的擁戴，把握住自己的方向，自然就能夠達到自己的目標。可以說，「不爭」是一種充滿大智慧的做人與處世的哲學。

在我們的社會中，不是只有謙謙君子，而是什麼樣的人都有。有時候，你想與世無爭，可是一些內心陰暗的小人卻偏偏要欺侮你，你如果去和他爭鬥，最好的結果也不過是兩敗俱傷，何苦來呢？這時候，一味躲避絕對不是對付小人的上策，和他爭鬥也沒有好的結果。那麼該怎樣實現「與世無爭」的觀念呢？我們不妨看看北宋大將曹彬的做法。

北宋的開國大將曹彬是一位為人誠實且寬厚仁義的人。在征討南唐的戰爭中，宋太祖趙匡胤任命曹彬擔任宋軍的主將，臨行前還交給他一把尚方寶劍，授予他處決副將以下違令將領的權力。趙匡胤問曹彬還有什麼要求。曹彬提出，希望能夠調用將軍田欽祚擔任另一路的前敵指揮官。趙匡胤答應了。

曹彬的請求使自己的部下很奇怪，因為大家都知道田欽祚既狡猾又貪婪，喜歡爭功諉過，最擅長的是在背後打小報告。大家平時躲他都來不及，把他弄到軍中來是為什麼呢？曹彬後來說出了自己這麼做的道理：這場戰爭任務非常艱巨，恐怕要打很長時間，前方將士特別需要朝中的全力支援。作為領兵在外的將領，如果朝中有人不斷進讒言搗亂，很可能壞了大事，而這個田欽祚就是個敗壞別人的「高手」。怎麼樣才能防範他？最好的辦法就是把他放到自己的眼皮底下，派他點兒用場，分他點兒功名，堵住他那張愛進讒言的臭嘴；實在不行，還有尚方寶劍嘛，不怕他鬧事。

曹彬是在「爭」嗎？我們看不到。但是我們知道這樣一來向田欽祚這樣的小人就不能與他爭了。

爭是不爭，因爲爭鬥中沒有勝利者；不爭是爭，因爲避免了爭鬥，也能夠實現自己的目標，是最高明的「爭」。

這就是老子告訴我們的道理：「以其不爭，故天下莫能與之爭。」

6 功成身退，才是真英雄

功成、名遂、身退，天之道也。
——《道德經》第九章

事業成功了，名譽得到了，就此退出去，這才是合於自然規律的。

老子一直在勸那些爲政者功成身退，急流勇退，也是基於當時老子自身的時代背景。春秋

末年，老子早就看透了時局變幻，看透了升降變遷的歷史潮流，多少政權在得勢時如日中天，失勢時不日之間銷聲匿跡；又有多少英雄在得勢時聲威顯赫，在失勢時家毀人亡，不得善終。老子對此不免慨歎，佛家也曾經說過：「崇高必致墮落，積聚必有消散。緣會終須別離，有命咸歸於死。」真是寓意相通呀！

笑看風雲，歷史上功成身退之人不勝枚舉，但他們都有一個共性，就是能夠看清時勢。

春秋時期的范蠡，出身貧寒，卻是胸懷韜略，年輕時就學富五車，滿腹經綸，但是不為權貴賞識，一直默默無聞。當時在南方吳國與越國爭霸，連年征戰不休。一開始越王勾踐打敗吳王闔閭，闔閭死後其子夫差即位，為報父仇，在夫椒山將越王勾踐打得落花流水，勾踐僅剩五千兵卒逃回會稽山。范蠡在勾踐窮途末路之際投奔越國，商議與吳王夫差議和之事。於是被拜為大夫，陪同勾踐夫婦在吳國為奴三年，三年之後他與文種擬定了興越伐吳之術，首先他跋山涉水求訪到了德才兼備的女子西施，將之獻給吳王，讓吳王沉迷於酒色之中，不理政事。接著又輔佐勾踐制定富國強兵的策略，二十餘年間，苦心勠力，最後吳王夫差也是兵敗身亡，成就了越王勾踐的不朽霸業，被尊奉為上將軍。

在歡慶之時，范蠡功成身退，傳說與西施泛舟西湖，過上了隱姓埋名的生活。後來他來到了齊國，帶領著兒子與門徒在海邊結廬而居，辛勤耕作，並且還致力於經商，幾年間就積累了數千萬的家產。他仗義疏財，深受齊人賞識與敬重，齊王把他請進國都後，拜他為相國，主持國家政務，他慨歎道：「我當官到了相國，治家能夠有千金之多。對於一個白手起家的平民百姓來說，已經到了極點。若是長久受這樣的榮譽，怕不是好的兆頭。」三年後他再次向齊王提交了相印，散盡家財走了。

無官一身輕的范蠡又來到了山東定陶西北，這裏是中原的交通地帶，非常適合經商，於是范蠡就根據時節、氣候、民俗風情治理產業，不到幾年又成了大富之人，自號陶朱公。後代史學家稱范蠡忠誠報國，智慧能夠保全自己，經商能致富，天下聞名，確實是不凡之人。

相比較而言，與范蠡同事於越王勾踐的大夫文種則沒有這麼好的下場了。就在越王勾踐在吳國為奴期間，文種主持國政，他實行愛民之道，總結出了征伐的經驗，並提出了討伐吳國的九條策略。越王勾踐在打敗吳國之後，范蠡隱退時還曾經留給文種一封信，信中說：「天上的鳥沒有了，好的弓箭就會被藏起來；兔子沒有了，捉兔子的狗就會被烹著吃了。」范蠡的意思就是讓文種快點兒辭官隱退。但是，文種並沒有這樣做，只是假裝生病不入朝，有人就進讒言說文種將要謀反，越王勾踐就賜給文種寶劍說：「你當初給我出了九條對付吳國的策略，我只用三條便打敗了吳國，剩下六條在你那裏，你用這六條去地下為寡人的先王打敗吳國的先王吧。」最終，文種被迫自殺。

後世以此爲戒者不在少數，但是很多人貪戀高官厚祿並不能免於此，因此要做到功成身退也不是一件非常容易的事情，很多還真得有老子的心境。

秦漢時期的張良本出生於韓國的官僚家庭，家庭富裕，祖上擔任高官。但是，秦始皇統一六國的時候，就把韓國給消滅了，國破家亡，張良抱負國家的宏圖大志也破滅了。於是，張良就拿出家財來收買刺客，刺殺秦始皇，他找到一位大力士，在秦始皇東巡的時候趁機伏擊，可是一百二十斤的大鐵錘誤中副車，惹得秦始皇大怒，因此下令全國通緝，張良也只好隱姓埋名，流亡到江蘇一帶。後得到高人的指點，得到《太公兵法》，潛心研讀。

秦末農民大起義時，他跟隨了劉邦。劉邦與項羽約定兵分兩路攻打咸陽，約定先入關者為王時，張良建議立韓國公子韓成為王，讓劉邦走南路，引兵南下，直趨霸上，秦朝滅亡。就在劉邦進入咸陽之後，看見秦朝宮殿富麗堂皇，財寶堆積如山，宮女如雲，不禁飄飄然起來。可是張良力勸劉邦認清形勢，寶貨無所取，還軍霸上，據隘固守，等待項羽。

在鴻門宴上，劉邦又聽取了張良的建議，央求項伯給項羽帶話，劉邦不敢背叛，據隘防守，是為了防範盜賊。駐軍霸上，正是等他來處置。項羽手下范增打算讓項莊舞劍趁機殺掉劉邦的情況下，張良趁機讓劉邦出去借上廁所的機會逃回霸上，轉危為安。

鴻門宴後，項羽自立為西楚霸王，並把劉邦封為漢王，居巴蜀之地。張良勸劉邦將計就計：前邊往漢中走，後邊燒掉從漢中通往關中的棧道，表明自己並無北上的心思。然後趁項羽不加提防的時候，「明修棧道，暗度陳倉」，揮師東進，經過三年多時間的「楚漢戰爭」，終於打敗項羽，建立了漢家天下。

漢初，封賞功臣，劉邦評價張良是「運籌帷幄之中，決勝千里之外」，要封他為齊三萬戶侯，張良卻一再推辭說：「我不敢接受這樣的封賞。我初見皇上是在留城，但願封到留城就可以了。」於是，他被封為「留侯」。張良多病，就趁機提出了辭退的請求，從此就脫離了政界，學習道家修身之道。

對於張良，後世是普遍敬仰羨慕的。其捨財求士、博浪椎秦的勇氣，顯示著中國人抗暴的精神；其「運籌帷幄，決勝於千里之外」的思辨能力，是對後人學習智慧的一種啟示；而其輕名位利祿、功成身退能保全名節，又是人們追求的一種操守。這些都是古代中國人自我修養追求完美人生的追求和境界。

韓信就是因為不懂得「功成身退」而慘遭殺害的典型。

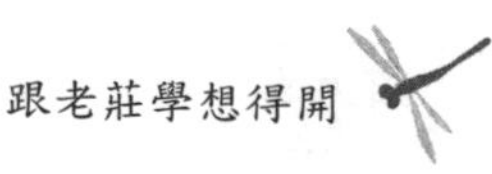

毫不避諱地說，劉邦的江山有一大半是韓信打下來的，可以說沒有韓信就沒有西漢王朝，劉邦更不可能當皇帝。韓信功高蓋主，在劉邦當皇帝之後他本應該想到這點，然而他還是傻乎乎地以功臣自居，完全沒有了當初帶兵打仗時的聰明智慧。劉邦想到了這點，為了鞏固他的皇帝地位，他上臺後做的第一件事就是削弱韓信的勢力，把當時還是「齊王」的韓信封為「楚王」，使其遠離自己的發跡之地。然後又有人適時告發韓信「謀反」，劉邦又將他再貶為「淮陰侯」，沒出幾個月呂后又和劉邦唱了一齣雙簧：前腳劉邦帶兵出征，後腳呂后就讓蕭何將韓信誘至長樂宮冠以謀反之罪殺掉。

在古代，「功成身退」是一種明哲保身的方法，只有智者可爲。人生在世，竭盡所能報效社會是必要的，但成功了，危險也就來了；可能在論功的時候，就包含分配不公，或驕傲讓人忌恨，更有功高鎮主等危險和矛盾潛伏著，要學會化解，更要學會韜光養晦，鋒芒內斂。

有了功不居功，有了名不恃名，任何時候保持一顆平常心，是我們一生都需銘記的智慧。

7 虛懷若谷，要「慎」也要「重」

重為輕根，靜為躁君。是以君子終日行不離輜重。

——《道德經》第二十六章

重是輕的基礎，靜是動的主宰。因此君子終日行走都不離開載著糧秣的輜重。

老子對於人們的行爲有過這樣的告誡：「重爲輕根，靜爲躁君。是以君子終日行不離輜重。」老子在這裏所說的「輕」指的是輕浮，而「躁」是浮躁的意思。很明顯，老子在爲人處世方面更多的是建議人們要謙虛、穩重。

歷史上偉大的人物大都具備虛懷若谷、異常謙卑的態度，很少有驕傲自負、狂妄自大或目空一切的習慣。也唯有如此，他們才能不斷地繼續努力，不停地探討鑽研，發掘創造，永遠不以已有的成就自滿。俗語說：滿招損，謙受益。唯有謙遜卑下的態度才能使人變得更有成就。古今中外的偉大人物幾乎莫不如此。

十七世紀最偉大的科學家牛頓曾經向世人表示，他並非一般人所稱讚頌揚的科學奇才。他說：「我常覺得自己不過是像一個無知的小孩，在海濱上遊玩，偶然發現一些發亮的貝殼，由

於好奇心的作祟，加以觀察一番而已。事實上，整個宇宙的奧秘，就像那浩瀚的海洋一樣，是我們無能爲力的。」

但歷史上也不乏有一些人自身有一定的天分，卻因爲他們的狂妄、輕浮而一敗塗地，遺憾終身。

西漢成帝時，著名大儒劉向受成帝的指派，率領兒子劉歆和一大批學者整理藏書。劉向治學嚴謹，為人正直。他告誡兒子劉歆說：「我們讀書人有個毛病，一旦書讀多了，便以為無所不知了，渾身傲氣，你一定要自律啊！」

劉歆聰明好學，深得父親厚愛。他提出疑問說：「父親學問精深，人所敬仰，難道非要做出謙遜之態嗎？和那些無知的俗人相比，父親用不著自抑啊。」劉向一聽大怒，斥責說：「我哪裏是什麼惺惺作態？我是真的自覺無知啊！你這樣狂妄，不知世情，將來要吃大虧的！」

劉歆心中不服，對劉向的話並不放在心上。他對別人說：「我父親太迂腐了，這只怪他事事不張揚。如果換作他人，就會有更高的官職，這不是太可惜了嗎？」劉歆寫成一部目錄學著作《七略》。在別人的恭賀聲中，劉向提醒兒子說：「你寫得很好，但我並不想誇讚你。很多人就是在他人的讚頌聲中毀滅的，因為這助長了他的傲氣。天地如此之大，我們所學所知的實在太少。如果你知道這一點，時刻牢記在心，做事才不敢張狂啊。」

整理圖書之時，一批戰國以前的典籍浮出水面。劉向對此並不推崇，而劉歆卻主張向天下人推行這些典籍。為此，父子二人發生了爭論。劉向說服兒子道：「古時典籍固然有些道理，但它並不能揭示萬物的規律。世事千變萬化，一切貴在創新，何必拘泥於古呢？」

劉歆辯論說：「是好是壞，相信人們一看便知，我敢斷定，我的意見終會有人賞識的。」

後來，漢平帝繼位，王莽掌握了朝廷大權。王莽為了篡權的需要，召來劉歆，假作誠懇說：「先生聰明過人，從前主張推行古籍，這實是遠見之舉啊。我的心意和先生相同，先生的大志可伸了。」

劉歆感激涕零，馬上投到了王莽的懷抱。有人提醒他說：「如果事關個人前途、國家命運，那麼一切就必須慎重。王莽要重用你，福禍未知，你不能太草率了。」

劉歆自信滿滿地說：「我一向不甘為人下，今日終有出頭之日，可見蒼天佑我。以我的智慧，只要王莽納諫，天下的局面定會煥然一新。」

劉歆自恃己能，頻頻向王莽進言，建議全面復古。他信誓旦旦地說：「在我看來，世事的變化已被古人全然掌握了，現在只要大膽實行便是。治理天下雖不是易事，但只要多讀一些古書，也就了然於胸，化難為易了。我看古籍所述完全可行，稱得上盡善盡美了。」

劉歆的朋友為他擔心，說：「凡事說得容易，但做起來就難了，你不該輕下斷言。老實說，你做學問可以，對治國之術就生疏了。紙上談兵害國害己，怎敢涉足呢？」

劉歆暴跳如雷，大罵朋友是個愚人。朋友說：「我寧肯做一個愚人，至少不會招惹禍患。你把自己看得無所不能，將來一定會後悔的。」

王莽依劉歆所議全面改制，結果遭到了慘敗，激起了各地的民變。

劉歆害怕王莽追究，又自作聰明地想要發動宮廷政變，除掉王莽。很快，消息洩漏出去，劉歆絕望之下自殺了。

西方一位哲學家曾經說過發人深省的一段話：「一個人如果驕矜，即使是身爲天使也會淪爲魔鬼；如果是謙卑，雖是凡人也會成爲聖賢。」由此可見，謙卑不僅是一種美德，也是通向成功和偉大的一個途徑。

人和自然社會相比，始終是渺小的。在無窮奧妙的宇宙面前，人應該保持一種謙卑態度。實際上，一個知識廣博的人，他所知的也很有限，這就決定了人不能自恃聰明，傲視一切。總有人處處顯露精明，玩弄手段，他們自以爲這是聰明人的表現，也能得到更多的實惠。這是一個致命的錯誤，真正的聰明人是勇於承認自己無知的。

第十章
任逍遙——「子非魚，焉知魚之樂」

當一個人的視野放到了整個天地宇宙，目光投向了萬物根本，他就達到了天人合一。這時他就已經不需要動腦子了，因為天地宇宙就是他的腦子，已經事事洞明，就像電腦連接到了網路。這種境界，正是道家境界。

1 看淡生死，尊重生命

方生方死，方死方生；方可方不可，方不可方可；因是因非，因非因是。

——《莊子．齊物論》

這話的意思就是說，生死差別不是完全不可超越的，生就是死，死就是生，可以就是不可以，不可以就是可以。如果我們從另外一個角度來考慮，這個命題的意義和價值就顯現出來了：我們從一出生，就開始了走向死亡的路程。

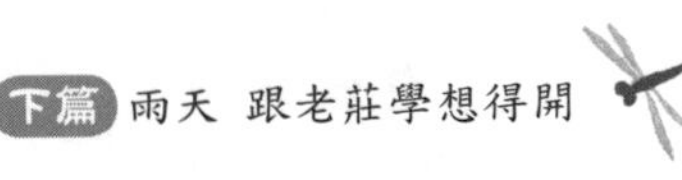

很多人會覺得喪氣：出生就是死亡，那麼生對於我們還有什麼意義呢？

魯迅先生在《野草》中曾經談到自己的一個有趣的夢，夢見自己「正在小學校的講堂上預備作文，向老師請教立論的方法」。隨即引出老先生的一個故事：某戶人家生了一個男孩，全家十分高興。滿月的時候，抱出來給客人看。一個客人說：「這孩子將來要發財的。」他於是得到一番感謝。而另一個客人說：「這孩子將來是要死的。」他於是得到一頓大家合力的痛打。老先生最後說：「說要死的必然，說富貴的說謊。但說謊的得好報，說必然的遭打。你……」魯迅於是不解地說：「我願意既不說謊，也不遭打。那麼，老師，我得怎麼說呢？」老先生說：「那麼，你得說：『啊呀！這孩子呵！您瞧！多麼……阿唷！哈哈！」

爲什麼那個人被打？因爲人們都是「樂言生、諱言死」的。沒有人能夠長生不老，無論你身居何職、人品如何。有人不信，就絞盡腦汁地尋找「長生不老」的丹藥、秘方，結果難免失望。就連那修了萬里長城的秦始皇也不例外。所以，不管我們是否願意，總有一個終點在我們前頭。

正因爲人總是要死的，而且是不能復活的，生對於我們才顯得更加重要、寶貴、值得珍惜。我們是在走向死亡，既然這個目的是不能改變的，我們爲什麼還要把走向目的的過程弄得那麼灰暗呢？

所以，我們必須把握住我們正在體驗和經歷的一切，必須把握住我們生活中的每一個細節。如果能夠這樣，死亡就不再是不可預見的恐怖未來，而成爲我們生活的參照物了。

對於死亡，過度恐懼反而有損身體，明智的態度就是順其自然，自由自在的生活。只有真正的修煉者，因爲洞悉了永恆的真理與生命的真相，會逐步看淡生死，所以對死亡不會心存恐懼。

許多長壽名人，對死亡都有著大度的樂觀心態。

著名佛學家、愛國宗教領袖趙朴初，他對生死看得很透，在病床上還寫下了這樣的詩句：「生固欣然，死亦無憾。」字裏行間充滿著辯證唯物主義的生死觀，展現了他純情超然的心靈境界。

南京大學一百一十一歲的博士生導師鄭集，專門寫有《生死辯》：「有生即有死，生死自然律。」這就是一個百歲老人對死亡的坦然。著名作家孫犁晚年自作無題詩：「不自修飾不自哀，不信人間有蓬萊。冷暖陰晴隨日過，此生只待化塵埃。」表現了他對死亡的超然大度。

孔子謂「殺身成仁」；孟子曰「捨生取義」；司馬遷認爲「人固有一死，死或重於泰山，或輕於鴻毛」。對死亡的態度恰好是對生的態度的反證。懼怕死亡的人往往在生活中患得患失，憂慮重重；而不怕死亡的人才能樂觀進取，力爭在有限的生命中創造出無限的事業。

總之，有生必有死，死亡永遠伴隨著生，相依為命，寸步不離。人的生命同世間一切的生物一樣，一旦死亡就不可能再次複生。如果因此而輕視或浪費生命，那也是不可原諒的錯誤。在死神召喚之前，我們還應充實地過好每一天。

莎士比亞有一段名言，足以令人回味：「懦夫在未死以前，就已經死過好多次；勇士一生只死一次。在我所聽到過的一切怪事之中，人們的貪生怕死是一件最奇怪的事情，因為死本來是一個人免不了的結局，它要來的時候誰也不能叫它不來。」

2 逍遙是一種人生境界

北冥有魚，其名為鯤。鯤之大，不知其幾千里也；化而為鳥，其名為鵬。鵬之背，不知其幾千里也；怒而飛，其翼若垂天之雲。是鳥也，海運則將徙於南冥。

——莊子《逍遙遊》

這是莊子在《逍遙遊》中對自己的理想生活的描繪。在這篇傳世名篇中，莊子描繪了一種神奇的動物：「北方的大海裏有一條魚，牠的名字叫作鯤。鯤的體長，真不知道有幾千里；變化成爲鳥，牠的名字就叫鵬。鵬的脊背，真不知道長達幾千里；當牠奮起而飛的時候，那展開的雙翅就像天邊的雲。」

讀莊子要從逍遙遊開始，《逍遙遊》是莊子思想的代表，也是他所追求的境界，最能體現他的態度和風格。逍遙，不是任性，不是隨意，是隨順事物自然的規律，憑藉其勢而自然運行。講的是物適其性，沒有誰更好、誰更差的區分，所以，大鵬的自然是逍遙，麻雀的自在也是逍遙，不是說大鵬鳥要比麻雀如何，只是在自己的環境下更舒適暢快的自然體驗。隨心所欲，任意無窮。

兩千多年前的莊子做過一個奇怪的夢：他夢見自己變成一隻漂亮的蝴蝶，四處飛舞，逍遙快活。但此時此際，蝴蝶壓根兒忘掉自己原本是莊子，一陣風來，蝴蝶一驚，突然醒來，又變成一個忙忙碌碌的莊子。莊子莫名其妙，心想：究竟是莊子做夢變成蝴蝶了，還是蝴蝶做夢化爲莊子了？這就是著名的莊周夢蝶。這個故事說明了莊子對人生的思考，第一方面，人跟萬物是相通的；第二方面，萬物跟我還是有區別的。這種看似荒誕的思考卻從根本上闡述了他對精神自由的嚮往和追求，這也正是莊子思想的核心。

正是這種逍遙自由的生命智慧，成就了莊子。

逍遙是一種人生境界，然而境界也是有大小的，這是莊子的觀點。

在紛繁複雜的社會生活中有的人圖金錢，有的人看重的是權利，在莊子看來這都不值得一顧，我們所追求的不只是名與利，關鍵在於我們能否「看見自己的心」。

美國西部的一個小鄉村，一位家境清貧的少年在十五歲那年，寫下了他氣勢非凡的畢生願望：「要到尼羅河、亞馬遜河和剛果河探險；要登上珠穆朗瑪峰、乞力馬札羅山和麥金利峰；駕馭大象、駱駝、鴕鳥和野馬；探訪馬可波羅和亞歷山大一世走過的道路；主演一部《人猿泰山》那樣的電影；駕駛飛行器起飛降落；讀完莎士比亞、柏拉圖和亞里斯多德的著作，譜一部樂曲，寫一本書；擁有一項發明專利，給非洲的孩子籌集一百萬美元捐款……」

他洋洋灑灑地一口氣列舉了一百廿七項人生的宏偉志願。不要說實現它們，就是看一看，也足夠讓人望而生畏了。

少年的心卻被他那龐大的願望鼓蕩得風帆勁起，他的全部心思都已被那一生的願望緊緊地牽引著，並讓他從此開始了將夢想轉為現實的漫漫征程，一路風霜雨雪，硬是把一個個近乎空想的夙願，變成了活生生的現實，他也因此一次次地品味到了搏擊與成功的喜悅。四十四年後，他終於實現了《一生的願望》中的一百零六個願望……

他就是二十世紀著名的探險家約翰·戈達德。

當有人驚訝地追問他是憑著怎樣的力量，把那許多註定的「不可能」都踩在了腳下，他微笑著如此回答：「很簡單，我只是讓心靈先到達那個地方，隨後，周身就有了一股神奇的力量，接下來，就只需沿著心靈的召喚前進了。」

當你轉過黑暗的街角，感覺前路暗淡的時候，當你感覺世界上所有的門都在你面前關閉的時候，當你感覺所有的人都拿著指定的門票，唯有你獨自在旁邊等待的時候，當你懷疑自己隱約看到的希望和信任可能是幻影的時候……你不要著急，更無須灰心，你要做的，就是看清楚自己的內心，看清楚自己的優點和缺點。

3 別強求別人理解你

井蛙不可以語於海者，拘於虛也；夏蟲不可以語於冰者，篤於時也。

——《莊子．齊物論》

意思是說對於井底之蛙，你和牠講海有多大講不通，因爲牠被狹小的生活環境所局限；對於夏天的蟲子，無論你怎樣與牠談論冬天的冰雪，牠也不會明白。「拘於虛」指的是人的認識受空間的局限，「篤於時」指的是受時間的限制。

孔子的一個學生與一個人發生了爭執，爭論一年有幾個季節。孔子的學生自然說是四季，而對方非咬住說是三季。並且說誰錯了誰就給對方磕頭。這個時候他們正好遇到了孔子，孔子說是三季。於是孔子的學生只好磕了三個頭。回到家中學生依然不解，問孔子為何是三季。

孔子答曰：是人都知道是四季，而他一身綠色，其實是個蚱蜢。蚱蜢怎麼會有冬季呢？既是活不過冬季，自然只有三季。你又何必跟他計較呢？吃點虧又何妨？人生當中會遇到很多三季人，何必總是要爭得面紅耳赤？其實是毫無意義的。

同理，當我們總是責怪別人無法理解自己的時候，請靜下心來，各人有各人的思維限制，思維不同，很難一致，所以，我們都是對方眼裏的夏蟲，又如何會有個對錯？

理解，固然是很美好的，誰不渴望理解呢？

然而，事實上由於年齡、性格、職業、知識結構、品德修養、生活經歷等因素的影響，人和人之間有時是很難互相理解的。

脆弱的人把許多精力放在「求理解」上，到處自我表白，宣揚自己，把別人不理解自己當作最大的痛苦。

如果你過分希望得到理解，得到他人的贊成或默認，當你未能如願時便會十分沮喪。

這正是自我挫敗因素之所在。同樣，當尋求理解成爲一種需要時，你就會產生惰性。這是將自我價值置於別人控制之下，由他人隨意抬高或貶低，只有當他們決定施捨給你一定的理解之辭時，你才會感到高興。

同樣道理，如果你希望得到理解，最爲有效的辦法恰恰是不去渴望、不去追求，不要求每個人都理解你。只要你相信自己，並且以積極的自我形象爲指南，你便可以得到許許多多的理解。

當然，一個人不可能事事都得到每個人的理解和贊許，但是，如果你認識到自己的價值，在得不到理解和贊許時便不會感到沮喪。你將把反對意見視爲一種自然現實，因爲生活在這個

世界上的每一個人都對世事有自己的看法。

生活中我們很多時候犯的錯誤往往來自只從自己的角度思考問題。爲了避免這樣的錯誤，就得學會換位思考，並在此基礎上調整行爲的方式。換位思考就是完全轉換到對方的角度思考，從而更理解人、寬容人，就是要求在觀察處理問題、做思想工作的過程中，把自己擺放在對方的角度，對事物進行再認識、再把握，以便得到更準確的判斷，說出的話也才能真正說到別人的心窩裏。

《聖經》裏有這樣一個故事。一次，有些人要砸死一個行為不端的婦人。耶穌說：「可以，可是你們每個人都要捫心自問，誰沒有犯過錯誤，那他就可以動手。」那些人都自覺問心有愧，最後誰也沒有砸她。

為何那些人在耶穌的這個問題前變得不敢動手了呢？因為沒有一個人有動手的資格——只要想到自己原來也犯過錯，就能同情這位行為不端的婦人了。

即使是最沒本事的人，在責備別人時往往也能夠大發議論；即使是最聰明的人，在對待自己缺陷時也往往糊塗。我們只要經常用指責別人的態度來要求自己，用寬恕自己的心思去對待別人，怎麼可能沒有大進步呢？

仔細想來，生活中諸多不快、諸多矛盾的引發，未必都有多麼複雜、多麼嚴重的理由，如果能夠互相瞭解、互相理解，或許就根本不會發生。而換位思考就是達到互相理解的一種有效途徑。

4 小事別太認真

大知閑閑，小知間間，大言炎炎，小言詹詹。
——《莊子‧齊物論》

有的人聰明在眼前，有的人聰明在長遠，大智慧的人行為襟懷坦蕩，小聰明的人雞蛋裏挑骨頭。

《莊子》中對如何不與別人發生衝突也做過闡述。有一次，一個人去拜訪老子，到了老子家中看到凌亂不堪，心中感到很吃驚，於是大罵一通揚長而去。第二天又回來和老子道歉，老子淡然地說：你好像很在意，其實對我來講，這是毫無意義的。如果昨天你說我是馬的話我也會承認的，既然別人這麼認為，一定有他的根據，如果我頂撞回去，他一定會罵得更厲害，這就是我從來不去反駁別人的緣故。

從這則故事中我們可以得到如下啓示：生活中當雙方發生矛盾衝突時，對於別人的批評，

除了虛心接受之外，還要養成毫不在意的功夫。

做人固然不能玩世不恭，但也不能太較真兒，認死理。「水至清則無魚，人至察則無徒」。太認真了，就會對什麼也看不慣，連一個朋友也容不下，把自己同社會隔絕分開。鏡子很平，但在高倍放大鏡下，就成了凹凸不平的山巒，我們戴著顯微鏡、放大鏡生活，連飯也不敢吃了。

有位年輕的律師，在紐約最高法院參加了一個重要案子的辯論。案子牽涉了一大筆錢和一個重要的法律問題。在辯論中，一位最高法院的法官對他說：「海事法追訴的期限是六年，對嗎？」

這位律師驀然停住，看了法官半天，然後直率地說：「法官先生，海事法沒有追訴期限。」

「庭內頓時安靜下來，」他後來講述他當時的感受時說：「氣溫似乎一下子降到了冰點。我是對的，法官是錯的。我也據實告訴了他，但那樣就使他變得友善了嗎？沒有。我仍然相信法律站在我這一邊。我知道我講得比過去精彩。但我並沒有尊重他的感情，用討論的方式據理說明我的觀點，而是當眾指出一位聲望卓著、學識豐富的人錯了，從而引起爭端和誤會。」

不逼別人認錯，就會避免麻煩，就會避免所有爭執，而且還可以使對方跟你一樣寬容大度；並且，你友好的態度，還會使他坦白承認他也可能弄錯。

因此，如果有人說了一句你認爲錯誤的話——即使你知道是錯的，但你一定要這麼說：「嗅，這樣的！我倒有另一種想法。」「如果我弄錯了，我很願意被糾正過來。」「我也許不對……」等這一類句子。

人非聖賢，孰能無過？與人相處就要互相諒解，經常以「難得糊塗」自勉，求大同存小異，有肚量，能容人，你就會有許多朋友，且左右逢源，諸事遂願；相反，「明察秋毫」，眼裏揉不進半粒沙子，過分挑剔，什麼雞毛蒜皮的小事都要論個是非曲直，容不得別人，人家也會躲你遠遠的，最後你只能關起門來「稱孤道寡」，成爲使人避之唯恐不及的人。

5 快樂不設限

子非魚，安知魚之樂？
——《莊子．秋水》

你不是魚，怎麼知道魚的快樂呢？不到園林，怎知春色如許？我們一般很容易扭曲我們所看到的事物。

如何去描寫這個情況呢？譬如，當你覺得你有腳時，表示你的鞋子有問題，舒適的鞋子是不會讓你感覺到的；如果感覺到眼鏡的存在，表明眼鏡有問題，可能是鏡片很髒了。忘記是非的話，代表內心處在一個和諧的狀態。知道忘掉是非，便是內心的安適；不改變內心的持守，不順從外物的影響，便是遇事的安適。本性常適而從未有過不適，也就是忘掉了安適的安適。這就是莊子的幸福哲學，快樂像蝴蝶，不要給自己的內心設限，從而把快樂幸福拒之門外。

有一位老人，在他住所的西面有一片公共的小樹林，每天早上老人就會到那裏去練太極，累了就和一些老人孩子坐在一起聊聊天、喝喝茶，可以說小樹林給他帶來了很多快樂。

一天，老人想，要是那片小樹林屬於自己，該多好啊！那樣就沒有小孩子進去在裏面亂踢亂打，損壞樹林，他甚至還可以在小樹林裏建一棟小房子，靜享清福。想到這些後，老人就找到了有關部門，將小樹林買了下來，之後便忙著在裏邊種植花草、修建圍欄等。

經過一番打理，小樹林變得比以前漂亮了，老人的小木屋也在小樹林裏安了家。開始一段日子，老人確實過得很快樂，但是後來，小樹林給老人帶來的煩惱接踵而至：要不要讓其他的老人繼續像以往一樣到小樹林裏來散步？要不要限制小孩子跑進來嬉戲？如果讓他們進來，那小樹林還是自己的嗎？如果不讓他們進來，好像這裏死氣沉沉的，沒有一點兒活力。到了夏天，時常下雨，一場暴雨將小樹林裏的花草弄得凌亂不堪，很多花草都攔腰折斷了，老人傷心得兩天吃不下飯，此後還要天天看天氣預報，怕暴風雨再次來臨……結果，這一片小樹林把老人弄得心力交瘁，這時候的他才感歎說，有些東西是不必擁有的，擁有了反而會讓自己不開心。

對於生活，對於愛情，每個人都懷著美好的憧憬和希望，希望自己什麼都擁有，希望自己喜歡的人一輩子都陪伴在身邊，卻很少想過，自己根本就不可能擁有一切，以及有些東西不必擁有。試想，如果喜歡每天站在窗外看唱歌的鳥兒，就想著要將牠抓回來關在鳥籠裏。這時

候，你是擁有牠了，但同時你也失去了觀賞小鳥翱翔藍天的美好心情。試想，你愛上一個人，如果你和她在一起只能彼此折磨，爲什麼不放手，讓她活得更快樂一點呢？

人類的精彩之處是，我們永遠伸著手想摘星星，喬伊絲．布拉澤斯說，我們得到的越多，想要的就越多。由於這個原因，我們永遠不能擁有一切。放開你的手，降低你的幸福底線，珍惜自己現在擁有的一切吧，如果你還想著去擁有你想要的一切，那麼可能連你現在擁有的幸福都會失去！

我們需要記住，永遠都不要顧影自憐，更不要爲自己找藉口，從而將幸福拒之門外。幸福來臨的時候，一定要打開你的心扉，用微笑去迎接每一個快樂的瞬間，相信你的人生，一定會越來越美好。

日本著名作家、藝術至上主義者芥川龍之介說：「希望自己的人生過得幸福和快樂，必須從日常的瑣事愛起。」做一個平凡的人，每天夜晚結束了一天的工作生活，躺在床上，看看身邊靜靜入睡的孩子，聽聽窗外蟲鳴啾啾，輕風掠過，想著又平平安安地度過了一天，難道不是一種幸福嗎？

不要渴望自己能夠搖身一變，成爲一位偉人，凡事需要從平凡做起，懂得平凡、安於平凡的人最終才能夠在自己的工作領域內取得良好的成績。正如海爾集團首席執行官張瑞敏說的那樣：「把每一件簡單的事做好就是不簡單！把每一件平凡的事做好就是不平凡！」

對幸福的要求不要過高，把點滴生活裏最平凡的幸福收集好，失意的時候想想曾經的那些美好的幸福時光，心靈就會豁然開朗起來。

6 讓心放鬆下來

泛若不繫之舟。

——《莊子‧列禦寇》

可以想像，一艘小船沒有繫在岸邊，風往哪裏吹，它就往哪裏走，風停了，它也停了。人的一生如果能夠達到這樣自由灑脫的境界，夫復何求。我們的心應該像一面鏡子，看見了世界，也看見了自己，外視世界，自視內心。靜下心來，看清自己本初的願望。

「外在緊張忙碌，積極進取，內在坦蕩從容，做生命的主人，乘物以遊心。」這是莊子的「心齋」。如何才是心齋？莊子講了一個有趣的故事：有一個工匠很會雕刻，他刻的人與真人完全一樣。君王看了嚇一跳，問他：怎麼能刻得那麼像呢？工匠回答說：我開始刻的時候，一定要先守齋，三天之後，心裏就不會想會得到什麼賞賜，五天之後就不敢想別人會不會稱讚我，說我技巧很高呢？七天之後，就忘了自己有四肢五官了。

心齋的意思，就是把功名利祿統統排除；把別人對你的稱讚也都設法排除；最後連自己的

生命都要設法超越，然後才去雕刻。這個時候，雕刻已經沒有主觀的欲望成見，刻什麼像什麼，等於是宇宙的力量在你身上表現出來。

心齋的比喻說明了：我們的心平常都是向外追逐，追逐許多具體的東西而不知道回頭，以致忽略了內心的修養，一定要靜下來，從虛到靜，從靜到明。

有個囚徒，關在牢房多年，每天看著四面空空的牆壁，感到心灰意冷。他多想看看外面生機勃勃的世界啊，哪怕每天只看一眼也好。牢房裏有扇窗，很高很小。於是，囚徒把唯一的一張床拖到窗下，把被褥疊高，然後憑藉床和被褥踮腳往窗外看。可是看過之後，他更加絕望了——窗外除了高牆便是密如蛛絲的高壓電網。沒多久，這個囚徒便上吊自殺了。自殺前，他咬破手指，用鮮血在牢房的牆上留下了一句遺言：給我一扇窗。

這個囚徒的死帶給人很大的震動，特別是囚徒留在牆上的那句帶血的遺言，引起了監獄管理層的高度重視，讓他們意識到了問題的嚴重性。於是，並懇請有關部門調撥資金重新對監獄的牢房進行科學改建。不久，政府下達批文，劃撥了一筆改建基金。

說是改建，其實只是給每個牢房開幾個大一點的窗戶，讓人從裏面能看到外面的日出日落，聽到附近的狗吠雞鳴。簡單地改建後，奇蹟出現了。逃獄案越來越少，被減刑獲得新生的囚徒越來越多，監獄的管理也越來越規範輕鬆。後來，有記者採訪該監獄的監獄長，問到管理監獄的秘密武器是什麼。他只回答了一句話：在每個囚徒心裏開一扇希望的窗戶。

多麼精闢的一句話呀！在這個世界上，要想改造一個人，最有效的武器莫過於改造其心靈了。

有個小故事是這樣的：

有一天，國王獨自到花園裏散步。看到花園裏所有的花和樹木都枯萎了，園中一片荒涼，國王很吃驚。詢問園丁後，國王瞭解到，橡樹由於沒有松樹那麼高大挺拔，因此輕生厭世死了；松樹因為自己不能像葡萄藤那樣能結出許多果實，嫉妒死了；葡萄藤哀歎自己終日匍匐在架子上，不能直立，不能像桃樹那樣開出可愛的花朵，氣死了；牽牛花歎息自己沒有紫丁香那樣的芬芳，病倒了——所有的花草樹木都因為彼此羨慕、彼此嫉妒而喪失了生命的光彩。最後，讓國王轉悲為喜的是，細小的安心草還在茂盛地生長。

國王看了看平凡得不能再平凡的安心草，問道：「小小的安心草啊，別的植物全都枯萎了，為什麼你卻這麼樂觀堅強、毫不沮喪呢？」

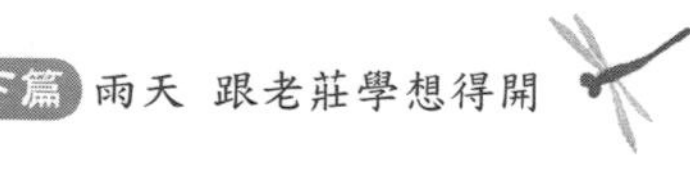

小草回答說：「國王啊，我一點兒也不灰心失望。因為我知道，如果國王您想要一株榕樹，或是一株松柏、一些葡萄藤、一棵桃樹、一株牽牛花、一棵紫丁香什麼的，您就會叫園丁把它們種上，而我知道您希望我做小小的安心草。」

一位古代哲人說：「沒有大煩惱與災禍的日子，就是天大的幸福。」古希臘的大哲人伊壁鳩魯說：「幸福，就是身體的無痛苦和靈魂的無紛擾。」

安於平凡，才能像上面小故事中的安心草一樣，沒有煩惱地茁壯成長，將陽光和雨露當作上天對自己的最大恩賜，從而快快樂樂地生活。做一棵安於平凡的安心草，幸福與成功兩不誤，何樂而不爲呢？

7 萬事隨緣，順其自然

不得已而為之。
——《莊子．內篇．人間世》

所謂不得已，就是當各種條件成熟的時候，順其自然，順勢而行，當條件不成熟，不要勉強，沒有委屈、無奈、被迫之意。

有這樣一個故事：三伏天，禪院的草地上枯黃了一片。小和尚說：「快撒點草籽吧，好難看哪！」

師父說：等天涼了，隨時。

中秋，師父買了包草籽，叫小和尚去播種。秋風起，草籽邊撒邊飄。

小和尚喊：「不好了，好多草籽被風吹走了。」

師父說：沒關係，吹走的多半是空的，撒下去也發不了芽，隨性。

撒完草籽，跟著就飛來幾隻小鳥啄食。

「要命了。草籽都被鳥吃了。」小和尚急得直跳腳。

師父說：沒關係，草籽多，吃不完。隨遇！

半夜下了一陣驟雨，一大早小和尚衝進禪房：「師父，這下真完了，好多草籽被雨沖走了。」

師父說，隨緣！沖到哪裏就在哪裏發芽！

半個多月過去了，原來光禿禿的地面，居然長出許多青綠的幼苗，一些原來沒播種的角落也泛出了綠意。

小和尚這才知道，生命中的許多東西是不可以強求的，而我們不曾期待的燦爛往往在淡泊從容中不期而至。讓一切順從自然，就會發現內心漸漸清朗，是一種最爲美好的生存方式。心裏如晴空一般舒暢悠閒，這時才發現人性的靈魂；一個人在淡泊中，內心才會像平靜無波的湖水一般和藹，這時才能獲得人生真正的樂趣。

要想觀察人生的真諦，再也沒有比這種方式更好的了。

「淡泊以明志」是人生的最高境界，「淡不是平淡，是絢爛至極也」。「淡，是一種至美的境界。」高山無語，深水無波。

絢爛至極，歸於平淡，不是平庸之平，也非淡而無味之淡，而是素淨質樸，寧靜深沉，是深邃的執著，是內心的祥和，是深入的淡定，是物我兩忘的境界。作爲做人的一種準則和風格，它是人生哲理的深層領悟，是人生境界的極致。

奮鬥者可敬，進取者可欽，所向披靡者可佩，熱情擁抱生活者可親；但是，從容而不趨附，自如而不窘迫，審慎而不猖躁，恬淡而不凡庸，也未必不是另一種積極。

淡是一種醒悟和超脫，堅持「有所不爲，然後有所爲」，特立獨行而非趨炎附勢，穩重堅韌而不浮華躁動。

淡，不是平淡無味，而是有取有捨，有收有放，有失有得。

生活中苦惱總是有的，有時人生有苦惱，不在於自己獲得多少，擁有多少，而是因爲自己想得到更多。人有時候想得到的太多，而自己的能力很難達到，所以我們便感到失望與不滿。然後，往往自己折磨自己，說自己太笨，不爭氣，等等，就這樣自己與自己過不去，與自己糾結。

其實，靜下心來仔細想想，生活中的許多事情，並不是你的能力不強，只是因爲你的願望不切實際。我們要相信自己的天賦和才能，但相信自己有能力並不是強求自己去做一些力所不能及的事情。

事實上，世間任何事情都有一個限度，超過了這個限度，好多事情都可能是極其荒謬的。我們應時常肯定自己，只要盡心盡力，只要積極地朝著更高的目標邁進，我們的心中就會保存一份悠然自得。從而也不會再跟自己過不去，責備、怨恨自己了，因爲我們盡力了。即便在生命結束的時候，我們也能問心無愧地說「我已經盡最大的努力了」，那麼，你真正

地此生無憾了！

別跟自己過不去，是一種精神的解脫，它會促使我們從容走自己選擇的路，做自己喜歡的事情。假如不痛快，要學會原諒自己，這樣心裏就會少一點兒陰影。這既是對自己的愛護，又是對生命的珍惜。

8 不為徒有其表的名聲權勢放棄自我

終身役役而不見其成功，苶然疲役而不知其所歸，可不哀邪！

——《莊子・內篇・人間世》

莊子說：「世人終生奔波於名利而不見有所作爲，疲憊不堪而不知自己的歸宿，太悲哀了。」

這裏有一個故事，莊子在河南濮水悠閒地垂釣。楚威王聞訊後，認爲莊子到了自己的國境內，真是機會難得，於是速派兩位官員趕赴濮水。來者向莊子傳達了楚威王的旨意，邀請莊子進宮，願將楚國的治理大業拜託給莊子。

莊子手持釣竿聽畢楚威王的意圖後，頭也不回，他眼望著水面沉思片刻，說：「楚國有神龜，死去已有三千年。楚王將牠的骨甲裝在竹箱裏，蒙上罩中，珍藏在太廟的明堂之上供奉。

請問：對這隻神龜來講，牠是願意死去遺下骨甲以顯示珍貴呢，還是寧願活著，哪怕是在泥塘裏拖著尾巴爬行呢？」

兩位來使聽完莊子的一番發問，不假思索地回答：「當然是選擇活著，寧願在泥塘生存。」莊子見他們回答肯定，回過頭悠然地告訴兩位官員：「有勞兩位大夫，請回稟楚王吧，我選擇活著！」

這篇寓言表現了莊子的人格，不爲徒有其表的名聲、權勢而放棄生命的自由。人生最可貴的是生命，生命最可貴的是自由。

面對楚威王的邀請，他選擇了「泥塘」，不願做祭俸於廟堂之上的「龜甲」，拒絕了在別人看來千載難逢的機遇，自由地坐在岸邊垂釣，秀美的山水給了他無限的樂趣，和煦的清風給了他智慧的思考，他不爲徒有其表的名聲、權勢而放棄生命自由，他笑對清貧的生活，笑對人間的功名，那是怎樣的一種閒適呀！他安然的生活造就了「無己」「無功」「無名」的高潔，吟出了心如濮河般澄澈的「秋水」。

很多人出於對權力的貪婪與欲望，無時無刻不在費盡心思爭取更多更高的權力，甚至爲此可以決一死戰。很容易突破道德良知的底線，甚至做出違法犯罪的事情。因此，古羅馬歷史學家塔西佗說：「『權力欲』是一種最臭名昭著的欲望。英國思想家霍布斯更是對「權力欲」做出了形象的描述：「得其一思其二、死而後已、永無休止。」

中國古代權力鬥爭不斷，篡位者爲了達到自己的目的，可謂費盡了心機。歷史上充滿了陰

謀與血腥，昨天還是情同手足的親人，今天卻成了不共戴天的死敵。古代中國的宮廷政治史，就是一部骨肉相殘，流血丹陛，燭影斧聲，兄弟鬩牆，弑父屠子，牆茨之醜的歷史。

武則天在攀登皇位的漫長過程中，遭到了包括自己兒子在內的各種勢力的堅決反對。面對來自朝野的各種反對勢力，武則天痛下殺手，堅決鎮壓，甚至不惜任用周興、來俊臣這樣的酷吏，就連自己的親生骨肉也不放過。她先後毒死太子李弘，又將太子李賢廢為庶人，並逼其自殺。她的孫子李重潤、孫女李仙蕙也因童言無忌而被處死。武則天為了滿足自己的權利欲，踏著親人的鮮血攀登到權力的頂峰，然而，正是她那永不滿足的欲望將她一步步推向滅亡的深淵。

皇室內部一次次的同室操戈，帝王貴冑一顆顆人頭落地，一代代「家天下」的專制皇權擺不脫魔咒，走不出怪圈，只能不斷地複製著一幕幕血濺宮闈的慘劇。

人們以爲有了權力就可以爲所欲爲，就可以滿足自己的欲望，像金錢、美女、名車、豪宅等應有盡有，還可以呼風喚雨、頤指氣使。所以，有人爲了權力可以不擇手段，不惜一切。

但是人們卻沒有看到，權力的獲得往往是以人格的屈辱作爲代價的，爲了保持心理上的平衡，使自己從心靈上、情感上獲得補償，權力的擁有者會以加倍的專制和冷酷來役使那些意圖從自己手中討取利益的人，從而媚上而傲下，使得權力的角逐者永遠陷入二重人格的痛苦、矛盾和分裂中。權力，總是可以把善良的心引進罪惡的深淵。

歷代領袖，雖然擁有許多的權力，卻也付出了極大的代價。權力，在你沒有擁有的時候也許不重要，一旦擁有，就再也回不了頭，這是許許多多「領袖」的致命傷！

不要讓野心捆綁住自己，學會放棄，就不會再犯歷史上的致命錯誤。

世界上的一切都將過去，就連我們的生命都將過去，所有的權勢功名終將化爲塵埃。想要獲得幸福，只有淡泊名利，以一種淡雅、低調的心態面對名利的紛擾才是做人的最佳姿態。「也無風雨也無晴」，一如蘇軾的曠達，一如故都四合院清秋啜飲的優遊。笑因清風而坦然，怒因香茗而消散。士人不以仕不順而歎惋，詩人不以才不遇而哀傷。讓清風與花香儲藏在心中，讓靈魂獲得恒久的平靜。

心念對了，人生就對了

作　　者：謝寒梅
發 行 人：陳曉林
出 版 所：風雲時代出版股份有限公司
地　　址：105台北市民生東路五段178號7樓之3
風雲書網：http://www.eastbooks.com.tw
官方部落格：http://eastbooks.pixnet.net/blog
Facebook：http://www.facebook.com/h7560949
信　　箱：h7560949@ms15.hinet.net
郵撥帳號：12043291
服務專線：(02)27560949
傳眞專線：(02)27653799
執行主編：劉宇青
美術編輯：吳宗潔

法律顧問：永然法律事務所李永然律師
北辰著作權事務所　蕭雄淋律師
版權授權：馬鐵
初版日期：2017年7月

ISBN：978-986-352-463-2

行政院新聞局局版台業字第3595號
營利事業統一編號22759935

定　價：280元

國家圖書館出版品預行編目資料

心念對了，人生就對了 / 謝寒梅 著. — 初版. — 臺北市：: 風雲時代, 2017.05
面；　公分
ISBN 978-986-352-463-2(平裝)

1.人生哲學 2.修身

191.9　　106006154